Luzes do entardecer

LUCY DIAS RAMOS

Luzes do entardecer

FEDERAÇÃO ESPÍRITA BRASILEIRA

ISBN 978-85-7328-615-1

B.N.

1ª edição – *Do 1º ao 3º milheiro*

000.3-O; 05/2009

Capa e projeto gráfico: Julio Moreira

Composição e editoração:
Departamento Editorial e Gráfico – Rua Sousa Valente, 17
20941-040 – Rio de Janeiro (RJ) – Brasil
CNPJ nº 33.644.857/0002-84 I.E. nº 81.600.503

Pedidos de livros à FEB – Departamento Editorial
Tel.: (21) 2187-8282, FAX: (21) 2187-8298.

CIP-BRASIL. CATALOGAÇÃO-NA-FONTE
SINDICATO NACIONAL DOS EDITORES DE LIVROS, RJ.

R144l

Ramos, Lucy Dias, 1935-
Luzes do entardecer / Lucy Dias Ramos. – Rio de Janeiro: Federação Espírita Brasileira, 2009
216p.; 21cm

ISBN 978-85-7328-615-1

1. Ramos, Lucy Dias, 1935-. 2. Conduta. 3. Espiritismo. I. Federação Espírita Brasileira. II. Título.

09-1620. CDD 133.93
CDU 133.7

07.04.09 14.04.09 012022

Dedicatória

Ao meu companheiro, Ramos, que esteve a meu lado desde a juventude, ensinando-me o valor da vida, do amor e do trabalho, cujos exemplos de dedicação e perseverança me influenciaram positivamente.

A seu lado encontrei, sempre, a motivação para prosseguir meu caminho, edificando uma família e lutando por meus ideais.

Muitos momentos retratados neste livro foram vivenciados em sua companhia e hoje reconheço que é essencial *viver de modo que algo de nós permaneça após o regresso ao mundo espiritual.*

Sumário

Prefácio

As estações da alma

*Léon Denis, o magistral filósofo-poeta do Espi*ritismo, menciona, em seu belo livro *O grande enigma*, que as diferentes idades são "verdadeiras estações da alma, que dão, cada uma por sua vez, suas flores e seus frutos".

Nessa perspectiva podemos ampliar nosso pensamento, compreendendo que a trajetória evolutiva do Espírito, desde a sua criação, também passa por estações diversas, com a diferença, porém, que ele está caminhando no rumo da luz.

Assim, o Espírito em sua jornada parte da penumbra da ignorância para a claridade do alvorecer que o conhecimento proporciona. Essa a destinação de todos nós.

E Denis acrescenta: "Todo ser já existiu; renasce e sobe, evolve assim em uma espiral, cujas órbitas vão aumentando cada vez mais".

Essa ideia sempre me pareceu extremamente bela e reconfortante. Por maiores sejam as lutas e dificuldades, o Espírito lenta e gradualmente caminha. À medida que a compreensão do sentido da vida, em sua expressão transcendente, se dilata, tornando-se consciente, os passos se tornam mais firmes e decididos, porque esperanças novas lhe aquecem a alma e a alegria de saber cada vez mais o estimula a novas conquistas espirituais.

Sim, somos viajantes das eras, das estações que criamos nesse sem tempo que a imortalidade nos faculta.

Lendo Lucy nos suaves, belos e instrutivos capítulos deste livro, reencontro comigo mesma – o que deve acontecer com cada um que venha a ler estas páginas –, pois imagino que as luzes do entardecer da vida terrena, na realidade, suscitam a manhã que não tarda e cujo prenúncio em breve se avizinha. O inverno nos remete à primavera e à certeza do verão, cujo brilho se perpetua no vir-a-ser de todos os Espíritos.

Lucy é feliz: descobriu, na sabedoria adquirida, que o amor, em suas várias gradações, é a conquista suprema da alma. Ao seu lado permutamos esses saberes, tentando alcançá-la, para desfrutarmos o prazer do convívio de quem já traz nas mãos os frutos de uma colheita fecunda e proveitosa, que não cessa, porque a sementeira prossegue e novos frutos virão.

A Doutrina Espírita ensejou nosso reencontro. Como citei no capítulo que escrevi no primeiro livro de Lucy, *Recados de amor*, percebo que sempre nos conhecemos. Isso foi e é tão natural que entre nós não existe o quando. Devo dizer, todavia, que a bênção divina me possibilitou outros reencontros semelhantes, dando-nos a entender que fazemos parte de uma família espiritual amorosa, cujos passos sempre se cruzam nesse reabastecimento imprescindível em cada nova estação.

Agradecemos a Jesus o ensejo da atual existência, a Allan Kardec que nos descortinou a visão espírita que hoje nos felicita e luariza nossas almas.

E, particularmente, agradeço a você, Lucy, porque embarcamos juntas em mais uma viagem.

Para nós, Lucy e eu, como mineiras que somos, e amamos Minas Gerais, o termo "estação" traz-nos a lembrança de um trem que vem chegando e, como num passe de mágica, estamos na plataforma esperando para embarcar, o que fazemos de imediato. E ali estamos nós, passageiras dessa viagem. O trem segue. Preso aos trilhos vai vencendo as distâncias; da janela olhamos o panorama, as montanhas enigmáticas, altaneiras dando lugar à planície verdejante e ensolarada. A viagem prossegue. Estações se sucedem e o amanhã se torna hoje.

Assim é a vida.

SUELY CALDAS SCHUBERT

Introdução

Desce, suavemente, a cortina do tempo, neste entardecer de luzes e cores outonais, fechando um novo ciclo de atividades... Há murmúrios de vozes de gente apressada buscando a condução para o regresso ao lar. Outros caminham sem rumo, aturdidos, ainda, pelos problemas sem solução, receosos de retornarem à realidade da vida. Jovens caminham em direção ao centro urbano ou para a reunião com os amigos. Muitos se esquecem em bancos do jardim, sem pressa de voltar para a solidão de seus dias, mas, mesmo assim, tocados pelos últimos reflexos do sol que declina no horizonte. Há uma suave magia em cada entardecer...

Como acontece em nossas vidas, há, neste momento, um encantamento nostálgico que nos leva a reflexões e evocações dos tempos que não retornam mais...

Sempre associei a vida aos ciclos da Natureza, manhã, tarde, noite... As horas vão passando sem nos darmos conta do quanto vivemos ou quanto ainda viveremos neste dia, neste tempo, nesta busca incessante que é a vida de todos nós.

Observamos que a manhã ressurge com tanta luz que nos ofusca a visão se nos detivermos apenas a contemplar o céu. Há encantamento e cores em profusão que se misturam com os sons que retumbam na anarquia dos cantos, das vozes, dos roncos dos motores que movimentam os carros em correria no alvorecer... Recomeça um novo dia, abrindo um novo ciclo no calendário do tempo.

Ao entardecer, o movimento desacelera seu ritmo e há como uma pausa no turbilhão das coisas que se sucedem ou que já aconteceram ao longo do dia... No horizonte perduram, ainda, os matizes coloridos nas nuvens que se movimentam mais devagar. O sol vai descendo, aos poucos, escondendo-se na montanha azulada e um suave langor envolve a cidade, levando-nos a meditar com maior intensidade na contemplação da Natureza que interage sobre nós.

As luzes deste entardecer me levaram a pensar como seria bom para todos se nos sentíssemos sempre assim, lânguidos, serenos e receptivos aos sons e ao encantamento neste ocaso da vida... Mas sei que não é possível esta serenidade íntima em todos os momentos, quando borrascas e ventanias sacodem a Natureza, alterando os sons e ensombrando as luzes...

Na vida do ser humano ocorre uma alternância de luzes e sombras, encontros e desencontros, chegadas e partidas que mudam as emoções, os sentimentos... O ser humano busca por meio de algo em que possa acreditar e se apegar – o amor e o sonho, a ilusão e a esperança.

A mensagem e o encantamento que a vida demonstrou a cada momento para mim, desejo repassar para você, querido leitor, na certeza de que as luzes deste entardecer possam colorir seus dias, amenizar sua angústia, tirá-lo da solidão e mostrar que tudo podemos se temos fé e confiança em Deus e em nossa destinação espiritual.

Existem momentos de solidão, de dor, de desafios que nos assustam...

Outros de esperanças, de aprendizado, de apoio fraterno e companheirismo que nos sustentam.

Outros, ainda, de comodismo e indiferença quando nos colocávamos em repouso, procurando restaurar as forças perdidas nas lutas e nos embates físicos. Contudo, foi necessário delinear com clareza os limites destas pausas para que não nos perdêssemos na ociosidade ou na insensatez que poderiam nos distanciar dos deveres assumidos junto à família e ao Movimento Espírita.

No entardecer da vida, neste outono matizado pelas luzes que ainda perduram em meus dias, quero mostrar como é benéfico para nossas almas acreditar na recuperação do ser humano, na redenção dos que buscam acertar e no poder cicatrizante do amor e do perdão quando aplicados nas feridas da alma.

Não creio limitar meu pensamento e minhas reflexões apenas para os que, como eu, já atingiram o outono ou o inverno da vida. Espero que os mais jovens possam encontrar também algo que os anime a viver, a refletir na beleza da Natureza, no poder da fé e do amor.

Se estamos chegando ao cais para a grande viagem da libertação, fechando também um ciclo em nossa viagem, os jovens e os que estão ainda atravessando a maturidade deverão prosseguir preparando um mundo melhor para os que retornam, pleno de paz e de esperanças...

E a vida continua nos diversos ciclos que se sucedem...

Manhã, tarde e o anoitecer... Todos com suas nuances e oportunidades de crescimento para todos aqueles que buscam, em Jesus, o roteiro sublime da redenção espiritual.

Juiz de Fora (MG), 15 de março de 2007.

Outono da vida

A Natureza é rica de ensinamentos em suas mutações constantes e em sua capacidade de renovação. Entretanto, obedece aos ciclos das mudanças e transformações, sem perder jamais a continuidade na sequência dos fenômenos a que se submete em equilíbrio com as leis naturais. Renova-se e persevera na perpetuação da vida. Sofrendo os golpes da depredação e do abandono, ergue-se na perpetuidade de seus ciclos e no seu poder de renascimento constante e admirável.

Observando nossas vidas, quando adentramos na etapa final, por ser a última de renovação em seu aspecto físico, estamos nos aproximando da transformação mais importante, fechando o ciclo biológico da atual existência para renascer na dimensão espiritual.

É justamente nesta fase, para muitos de nós, que se avolumam os problemas, as lutas, as perdas e os conflitos familiares. Parece que, com o tempo escasso que nos resta, teremos que saldar os compromissos e nos apressar na organização de tudo o que iremos abandonar, principalmente, no aspecto material.

Transformações necessárias que, muitas vezes, nos magoam e deixam marcas em nosso mundo íntimo vão se repetindo com mais frequência quando despertamos para uma existência mais realista e coerente com o desenvolvimento moral que já tenhamos adquirido nesta fase da vida.

Perdas, sentimentos de frustração e desencanto gerados por atitudes hostis dos que nos cercam...

Separações, partidas sem possíveis retornos, afastamento de entes queridos atraídos pelas ilusões da vida...

Protestos, rebeldias, incompreensões daqueles a quem dedicamos nossas vidas, esquecendo nossos sonhos e aspirações para que eles tivessem o apoio e a proteção quando frágeis e dependentes...

Exigências e cobranças dos familiares em momentos de fragilidade e sofrimento, ocultando-lhes as causas para que não perdessem a fé no futuro e a esperança...

Pensamentos sombrios que nos esforçamos para desfazer sob as luzes da esperança e do amor, lutando para que a decepção não nos ensombre os dias...

Solidão dos que já estão caminhando na busca dos valores reais da vida, tomados de tristeza pela incompreensão de muitos, mas cientes de que todo renascimento é doloroso e a subida é íngreme e cansativa.

Somos enriquecidos, contudo, com a luz do conhecimento e, à medida que caminhamos rumo ao nosso destino maior, somos abençoados com a glória de servir e as alegrias mais puras do reconhecimento de que não foram em vão as lutas e os percalços da senda percorrida.

Agora que o inverno se aproxima, não devemos nos abater ante os reveses da vida, mesmo reconhecendo que nossas limitações físicas se ampliam. Perseverar no propósito de elevação sem permitir que o desencanto e a amargura nos infelicitem.

Se já podemos olhar nossa vida numa retrospectiva de fatos e sentimentos, confiantes de que realizamos o melhor possível, saberemos reagir ante o peso das tribulações desta fase, porque já estamos fortalecidos pela compreensão e pela gratidão.

Os ciclos da Natureza são como os vários ciclos existenciais. Repetem-se na exuberância da primavera e do verão, com a luminosidade das cores e a manifestação da força – o Sol brilha com maior intensidade, as chuvas torrenciais lavam os detritos, e as correntezas carregam para longe o lixo ambiental suavizando a atmosfera reinante. No outono e no inverno, a paisagem fica mais triste, escasseiam-se as flores, e os dias ensolarados, que se estendem mais horas no verão, vão diminuindo até surgir a primavera novamente.

Entretanto, observando as lições da Natureza, percebemos que mesmo em dias menos fulgurantes, outras benesses nos favorecem – os frutos sazonados são mais abundantes, as noites estreladas se sobressaem na escuridão da noite, as árvores colorem suas folhas que caem em cascatas de rara beleza, atapetando o chão em que percorremos. Em dias assim, no outono da vida, um sentimento de paz nos inunda a alma, convidando-nos à oração, às reflexões mais profundas acerca do sentir e do viver...

Nas diferentes etapas da vida, vivenciamos ciclos idênticos que nos fazem amadurecer no crescimento moral, se soubermos imprimir às nossas atitudes a coerência do que aprendemos à luz dos ensinamentos de Jesus.

Ante os desafios que se fazem constantes em nosso caminho, saibamos agir com coragem e fé para que as transformações, sempre renovadoras e necessárias, sejam enfrentadas sem lamentações ou rebeldias.

Muitas vezes não entendemos o porquê de certas atitudes dos que amamos, quando nos julgam com severidade e se afastam de nós, mas se formos mais realistas, não permitindo que a mágoa nos amargure a vida nem reduza nossa capacidade de amar, solucionaremos os problemas com discernimento e serenidade íntima.

Quando o inverno chegar, estarei alegre e confiante, acendendo em meu coração o sol da generosidade e do perdão. Assim, poderei aquecer meu coração com a luz do amor e enfrentar a solidão sem permitir que o gelo da amargura enrijeça meus sentimentos.

Contemplando lá fora as brumas deste amanhecer – que tenta vencer os raios de sol que as dissipam sem esforço maior –, lentamente descortinamos o azul do céu e as luzes das vegetações costeiras ressequidas pelo outono que se esvai e que buscam se espelhar nas águas tranquilas do lago.

Meu ser, aos poucos, ergue-se do leito do comodismo e do desalento para, num gesto de gratidão, louvar a Deus as belezas da vida que esplende lá fora. Neste momento, dissipamos também de nosso mundo íntimo os tormentos da insensatez, a frieza da solidão e vamos preenchendo os vazios do coração com as bênçãos do afeto, da esperança e da alegria de um novo dia.

Vamos, lentamente, incorporando às nossas atitudes o reconhecimento pela experiência e a riqueza do conhecimento espírita que norteia nossas vidas. Voltam a povoar nossa mente as palavras de luz assimiladas ao longo dos anos. A aprendizagem destes ensinos facultam-nos agora a possibilidade do testemunho. Já não vagamos nos labirintos da insegurança nem tateamos nas sombras do medo.

O amadurecimento moral nos torna fortes e seguros, capazes de enfrentar os desafios atuais. Não que nos sintamos melhores ou maiores nos embates da vida, apenas nos escudamos nos valores morais já adquiridos e assim sofremos sem desespero ou atitudes de rebeldia.

Amélia Rodrigues nos fala ao coração quando se expressa:

> Entre os homens, o maior é sempre aquele que se esquece de si mesmo, tornando-se o melhor servidor, aquele que não se cansa de ajudar, que se encontra sempre disposto para cooperar e servir sem outra preocupação, qual não seja a de beneficiar... Quem se apaga para que outro brilhe, torna-se-lhe o combustível sem o qual a luminosidade desaparece.[1]

[1] FRANCO, Divaldo P. *Até o fim dos tempos*. P. 99.

O FIO DA ESPERANÇA

Amanhecia... Aos poucos o manto escuro da noite se enrolava dando lugar às luzes matutinas, enquanto as brumas menos densas se dispersavam alcançando as alturas e se confundindo com as nuvens que céleres caminhavam. A terra ainda molhada mostrava-se com nuances cor de prata sob o orvalho da noite que findara. Os pássaros voavam em bandos, fazendo acrobacias, e alegres cantavam no intuito de despertar a vida que palpitava na Natureza. Iam se delineando, no campo florido e nos montes que circundavam o vale, as silhuetas das árvores e dos tufos de capim, ainda cobertos de cristais de orvalho cristalino, em mágicas expressões de beleza inconfundível. Havia neste amanhecer, ainda, um encantamento que o brilho da lua deixara ficar.

Ao longe, nas casinhas brancas, o fogo crepitava nos fogões e já surgia nas chaminés de barro a fumaça branquinha confundindo-se com a cerração que subia lentamente. De repente, um clarão ressurge atrás da serra, dourando o bambuzal, o capinzal e todo o vale. Tudo, então, se transforma... Aquela quietude de momentos atrás dá lugar ao esplendor da manhã com tons avermelhados no horizonte, e as rendas tecidas pelo orvalho na campina florida vão se desfazendo ao calor do sol e sob o balanço do vento que sopra com maior intensidade... Tudo ganha novo colorido, até as aves cantam mais alegremente.

Surge um novo dia, rebrilha em nossas vidas uma nova esperança a cada amanhecer. Há uma profunda magia a cada alvorecer, como se nos propusesse a vida uma nova iniciação espiritual, levando-nos a meditar e refletir mais intensamente acerca dos reais objetivos da existência.

A cada alvorecer, o coração bate mais intensamente quando sabemos louvar as belezas da vida, as bênçãos que Deus nos concede e procuramos ter gratidão por tudo o que Ele nos dá visando ao nosso crescimento espiritual.

Louvemos a Deus a ventura de poder sentir a verdadeira beleza das coisas que podemos tocar, ver, aspirar. Louvemos a Deus e saibamos agradecer a bênção de viver intensamente cada minuto, cada etapa, com o coração pleno de amor e serenidade, mesmo em momentos graves, sob as sombras das lágrimas que tentam embaçar a visão do que é essencial em nossa existência.

Mesmo em momentos difíceis, quando sofremos, busquemos por meio da oração encontrar o fio da esperança, confiando que um dia melhor nos aguarda e haverá sempre um sol brilhando a cada amanhecer para enfeitar nossos dias, com a certeza, também, de que mesmo através das brumas que tentam encobrir a força de sua luz, ele voltará a brilhar sempre, aquecendo nossa Terra e colorindo a Natureza.

O dia surge a cada alvorecer, suavemente, com perseverança e independente do que pensamos ou realizamos na tentativa de alterar o ritmo da vida. Se conseguirmos viver em paz e alegremente, sustentados pela fé e pela esperança, poderemos irradiar à volta de nós a mesma suavidade que a Natureza nos ensina.

Joanna de Ângelis nos diz que:

> nada mais belo do que um coração jubiloso irradiando o sol da alegria espiritual. Estás no mundo para tornar-te melhor e fazeres que o mundo seja menos triste e mais rico de esperança. Por menor que seja, faze da tua contribuição um hino de alegria e de respeito pela vida.[2]

Mesmo em momentos de solidão e dores acerbas, ore e confie. Busque no amor a luz que o inspire a novos caminhos, consolidando em sua vida os valores que o tranquilizem e o sustentem.

Tagore com sua poesia, através da mediunidade de Divaldo P. Franco, conta-nos, ante as dores da perda, exaltando a excelência do amor, o seguinte:

> Apoiada à cornija do pátio, onde fitava o céu, o coração saudoso, em brumoso crepúsculo, deixou-se abater.
> Os dentes alvos de estrelas brilhantes, e as pálidas rajadas da lua por entre nuvens, desceram à desdita do coração, onde a agonia fizera seu cerco e, ao Nirvana, um anjo de luz conduziu a mulher enlutada.

---

[2] FRANCO, Divaldo P. *Nascente de bênçãos*. P. 104.

No jardim das delícias, à alfombra de celestes musas, deu-se o encontro dos amores dilacerados pela distância.

– Não acredites, em tua dor, que estejamos longe... Meu espírito canta as melodias do amor, e derrama, na tua saudosa agonia, o perfume dos afetos que não cansam! – murmurou o amado, antes ausente.

– Sigo a sós, sem esperança – respondeu a alma. – Que será de mim?

– Nunca estamos a sós quando amamos... Como raízes na madre da terra, estamos entrelaçados pelo tempo... Contempla o céu... Respira o ar... Escuta a melodia da Natureza... Confia no amor que não cessa... Canta a esperança, na ausência breve, e apercebe-te de que a vida, na morte, nada mais é que nuança nova, em início de alvorada sem-fim...

...E a alma extasiada, que reclinara no amor, como um perfume em corola delicada, despertou na noite fria, aos abraços com o vento, para continuar a viver.[3]

Somente o amor, em suas variadas nuances, nos motivará para o enfrentamento das lutas e ao cumprimento dos deveres que aguardam nossa contribuição, ao longo dos dias que ainda nos restam na existência atual. E o fio da esperança nos manterá ligados à certeza do reencontro.

---

[3] Id. *Filigranas de luz*. P. 143.

Alegria de viver

A montanha se erguia qual muralha de pedra, protegendo a cidade que descansava a seus pés. Vegetações rasteiras de um verde acentuado e escuro cobriam os espaços vazios entremeados de árvores secas, desfolhadas pela fúria da queimada que deixara vestígios da última estiagem, em que o fogo a quase tudo destruíra. Mesmo assim a montanha estava ereta e forte como a nos mostrar sua coragem e seu poder de renovação. Algumas árvores já apresentavam as copas fechadas e floridas, enfeitando a encosta na qual ainda podíamos perceber as lesões que o fogo deixara.

Admiro a perenidade das montanhas. Em sua grandiosidade permanecem, apesar das mudanças do tempo, das vegetações, das intempéries a que estão sujeitas. A distância, pouco se vê além de suas formas, na exuberância de seus limites que tocam o céu e se destacam na paisagem. Algumas vezes, nuvens passageiras como flocos de algodão descansam em seus cumes à espera do vento para prosseguirem em sua viagem, buscando outras terras, outras gentes...

Contemplo as montanhas de Minas desde que nasci, e elas estáticas erguem-se aos céus... Algumas foram agredidas pela modernidade, servindo ao homem em seu desejo de expansão. Mutiladas, perderam o colorido das vegetações e se cobrem de casas, ruas, postes de iluminação urbana, antenas, nas mais variadas formas. Geralmente isto acontece na cidade, porque no campo, nas regiões rurais, ainda conservam suas antigas formas em suas estruturas primitivas, protegendo as várzeas, embelezando a vida e abrigando outras vidas.

Admirando as montanhas de minha terra, percebi quanto somos pequenos e limitados em nossas conquistas reais, tolhidos em nossas buscas e frágeis na descoberta dos reais valores da vida.

Diante da dor e das expiações, deixamo-nos levar pelo desânimo, pelo desencanto e perdemos longo tempo em lamentações.

Sob o travo da injúria e da maledicência, ficamos estanques e, revoltados, buscamos justificar nossa conduta sem nos dar conta de que o agressor é alma enferma requerendo nossa compaixão e tolerância.

Nas dores acerbas que moralmente nos abatem, esquecemos do bálsamo da prece, da busca do entendimento ante as Leis Divinas e nos colocamos como vítimas em processos de alienação diante da vida, de seus objetivos maiores.

E muitas vezes perdemos a alegria de viver, cansados ante as múltiplas dores que nos chegam em momentos difíceis da existência. Esses são dias de sombra e desencanto, nos quais teremos que investir mais coragem e aplicação do valor moral que já possuímos.

Nestes dias em que nada parece dar certo, quando as ocorrências desagradáveis se sucedem e nos perturbam, é que devemos buscar novas energias na prece, na meditação, e agir com prudência, vigiando nosso pensamento para não nos prendermos nas cadeias da aflição nem nas sombras do desencanto. O importante é reagir com coragem e discernimento.

"A coragem", diz-nos Joanna de Ângelis, "nasce dos valores morais do homem que elege a conduta correta para uma vida feliz".[4]

Prosseguir vivendo mesmo diante dos desafios que infelicitam nossos dias é ter a coragem de enfrentamento das dificuldades e óbices naturais em nossa jornada evolutiva. É natural que soframos diante das perdas, das dores morais e enfermidades físicas, contudo é necessário mantermos nossa dignidade, nossa coragem e nossa fé para que, vencendo as barreiras que nos cercam, alcancemos nossos patamares do progresso espiritual a que estamos destinados.

> A coragem de viver deve ser treinada continuamente, vencendo as pequenas barreiras da timidez, dos receios de fracassos, dos complexos de inferioridade, das doenças reais ou imaginárias, fortalecendo o ânimo em cada triunfo e reconsiderando a ação em cada insucesso.[5]

Ao falar da perenidade e do destemor das montanhas, busquei em seu exemplo a alegria de prosseguir vivendo mesmo sob sofrimentos, mostrando-nos com sua coragem a beleza

---

[4] FRANCO, Divaldo P. *Jesus e atualidade*. P. 58.
[5] Id., ib.

da vida, o encantamento que a Natureza nos propicia quando sabemos observar sua harmonia, a simplicidade de suas formas e o convite que nos faz por meio de seus exemplos para uma existência rica de bênçãos e realizações.

A alegria de viver faz parte de uma programação de vida que devemos buscar pelo exercício do perdão, da caridade, da generosidade e da renúncia. Somos livres para decidir, para buscar a coragem de viver com serenidade mesmo ante a presença da dor, da ansiedade pela incerteza da cura de uma enfermidade, pela ausência dos seres que amamos, pelo fracasso temporário em determinada tarefa e, ainda assim, ver em cada dificuldade um novo desafio, considerando-os naturais em nossa condição moral. Porque acreditamos – vencida a etapa difícil – saímos vitoriosos e mais fortes para novos empreendimentos e lutas.

Fortalecidos pelo conhecimento espírita, podemos tornar nossas vidas mais ricas e produtivas. Teremos um novo sentido existencial, conduzindo-nos a um viver mais pleno, rico de experiências, e assim saberemos que o *bem viver* é a meta dos que já conhecem o caminho e não se preocupam tanto em *viver bem.* Os valores do mundo são medidos pela renúncia e pela generosidade dos que os possuem e não pela grandeza de suas posses materiais.

E na voz da poetisa que se fez sábia, sofrendo, as belezas dos que sabem renunciar:

> Sabedoria! Sabedoria!
> Só te encontrei nos abismos, quando vim descendo da altura da solidão... Depois do renunciamento... Depois de tudo e de todos... Depois de mim...

Sabedoria! Sabedoria!
Abençoa-me, porque sofri, buscando-te!
E por encontrar-te e querer-te, faze-te meu Destino...
Deixa-me viver em Ti!...[6]

---

[6] MEIRELES, Cecília. *Poesia Completa.* Vol. I, p. 85.

As vertentes da felicidade

Segundo o pensamento da benfeitora espiritual Joanna de Ângelis, há duas vertentes para se alcançar a felicidade: a dor que regenera, liberando do caos em que cada um se atirou, e o amor que santifica, alçando as emoções libertadoras.[7]

Neste processo de libertação e de crescimento espiritual que Joanna classifica como sofrimento bem aceito ou do amor vivenciado com abnegação, o ser humano atinge um estágio no qual, mesmo sofrendo, consegue prosseguir sem esmorecimento, aliviando as dores alheias.

Vamos, de estágio em estágio, maturando nossas emoções, buscando apurar a sensibilidade ante tudo o que nos cerca. A dor se faz menos intensa e a solidão se afasta quando procuramos minorar as dificuldades dos que nos buscam ávidos de orientação, desejando esclarecer seus sentimentos e seus pensamen-

---

[7] FRANCO, Divaldo P. *Libertação pelo amor*. Cap. 5, p. 42.

tos a fim de encontrar novos rumos para caminhar com mais segurança e determinação.

Na solidão das horas que se alongam neste dia, busquei você, querido leitor, para dispersar um sentimento de tristeza que tentava dominar meu mundo íntimo. Estando a sós, muitas vezes, nos esquecemos de que podemos ser úteis se buscarmos a companhia dos que sofrem mais do que nós. Escrevo com a intenção sincera de aliviar meu coração e de fazer chegar até o seu os sentimentos bons que a vida me propiciou nos momentos de dor, pelos benefícios assimilados na riqueza do conhecimento espírita, na contemplação da Natureza que busco entender e amar, e, principalmente, nas lições de Jesus – sempre a nos convidar para o caminho do amor, onde nunca estaríamos sós.

Da janela de meu escritório percorro com o olhar a vastidão do horizonte, que nesta primavera de flores e encantamento é um convite à vida e ao amor. As luzes do entardecer douram as árvores e iluminam o caminho dos transeuntes apressados e dos viajantes em seus carros velozes, contrastando com a tranquilidade das pessoas que transitam no jardim ou se aquietam nos bancos, com o olhar perdido sem se fixarem nas flores perfumadas ao seu lado... Crianças brincam distraídas no parquinho, e suas vozes e risos enfeitam a praça e alegram o ambiente. É difícil não sentir saudades numa tarde assim, tão familiar e tão vibrante que me faz recordar outros momentos em companhia dos que já não estão a meu lado...

Mas neste sentimento de dor e saudade posso, conversando com você, procurar um momento de reflexão, no qual nossos sentimentos se mesclem – o meu com a dor da separação e o seu, quem sabe, similar ao meu na busca de apoio ou em estágio mais profundo de sofrimento, fazendo com que eu sinta nesta oportunidade a grandeza do amor de Deus tocando o íntimo de meu ser e fazendo chegar ao seu coração a luz da compreensão e da generosidade.

As lições incomparáveis que a dor nos propicia, no exercício da paciência, do perdão, da compreensão, da fé e da gratidão aos que nos confortam, nos faz entender que o próximo degrau a galgar nesta caminhada é buscar no amor o alicerce sublime para novas conquistas e enfrentamento de novos pesares ao longo da vida. Quando estamos preparados para este estágio evolutivo, podemos caminhar sob o peso de novas responsabilidades e em condições de padecer novas dores. Porque assim compreendendo, iremos sofrer menos e estaremos tão envolvidos com a dor de nosso próximo que não teremos tempo para reclamar o peso de nossa cruz.

Joanna de Ângelis nos ensina que, quando a dor nos regenera e o amor nos purifica o coração, já estamos em condições de minorar o sofrimento alheio, e nos diz:

> Quanto mais abnegado, mais fardos pesados carrega, ensinando como se pode ser feliz, sem a necessidade de acumular coisas, de fruir prazeres contínuos, de desfrutar de saúde e de receber aplausos, valores que o mundo estabelece como únicos, mas que, em realidade, são apenas meios para novos empreendimentos iluminativos.[8]

Como detentores do conhecimento do Evangelho de Jesus, se buscarmos realmente sua vivência, incorporando-o em nos-

---

[8] FRANCO, Divaldo P. *Libertação pelo amor.* Cap. 5, p. 43.

so modo de ser, de agir, no trato com os sofredores, com os que nos buscam nos labores espíritas e principalmente nos familiares difíceis – cobradores e fiscais prestimosos – a nos indicar onde precisamos mudar e melhorar, estaremos prontos para alcançar a verdadeira felicidade, que se distingue pelo prazer de servir, pela paz da consciência e pela serenidade íntima em momentos de dor e solidão.

Mas são raros os momentos de solidão se estamos prontos para ouvir o chamamento de Jesus no socorro aos que sofrem. E agora que estou quase encerrando nossa conversa, já me sinto melhor, mais encorajada a prosseguir, mesmo estando só nesta tarde de tantas recordações e rara beleza.

Há em todos os seres uma centelha deste amor divino que nos concita ao perdão, ao despojamento e a prosseguir sem esmorecer, mesmo sentindo no cerne da alma esta sensação fugidia de que não somos mais tão fortes fisicamente e verificar que o corpo, às vezes, não acompanha as ânsias da alma em seu desejo de lutar e vencer as dificuldades do caminho, na concretização de nossos deveres e projetos de um mundo melhor. Resta-nos, mesmo assim, no ocaso de nossas vidas aqui na Terra, a fé iluminando nosso raciocínio e a luz do amor suavizando nossos sentimentos.

Compreendendo quanto temos necessidade do amor em nossas vidas, necessário se faz que, possuidores desse sentimento irrestrito e catalisador de energias positivas, saibamos exteriorizar esta força além das fronteiras do nosso eu, libertando-o e libertando-nos na busca da felicidade real.

Assim pensando, busco-o neste desejo sincero de repassar o que sinto e dizer quanto amo a vida, as pessoas que estão a meu lado, mesmo as distantes, que um dia se foram sem motivo, a Natureza que me envolve em fluidos de paz, aos que já não estão comigo, tendo encerrado seu ciclo de vida na Terra, mas presentes pelos elos do amor que não se rompem, amo a Deus e este amor imensurável me faz feliz, mesmo sofrendo, como diz o poeta em seu hino de louvor: "escondido estás no verde das florestas, nas aves em festa, no sol a brilhar... Quando a dor me consome, repito seu nome e mesmo sofrendo eu posso cantar...".

O amor é luz que clarifica as sombras dos sentimentos conturbados e perturbadores. O amor é balsamo que suaviza as dores que crucificam os seres distanciados da fé e da resignação. O amor é alavanca sublime que ergue os caídos, é sustentáculo na defesa dos excluídos no mundo de preconceitos cruéis, é libertação do ser humano das algemas do ódio e da violência.

Sendo as vertentes da felicidade – o sofrimento que nos redime e o amor que nos purifica – saibamos aproveitar todos os momentos de nossas vidas transformando nossas experiências em suportes nesta caminhada evolutiva, transformando nossas maiores aspirações em conquistas reais e enobrecedoras.

Amando estaremos vivenciando o aprendizado que nos enriquece o ser sob as luzes consoladoras do Espiritismo, conscientes do sentido existencial de cada um de nós, na busca da verdade que se descortina a cada etapa vencida, a cada degrau atingido nesta escalada em que todos nós nos empenhamos rumo à nossa destinação espiritual.

> Amorterapia, portanto, é o processo mediante o qual se pode contribuir conscientemente em favor de uma sociedade mais saudável, logo, mais justa e nobre. Essa terapia decorre do autoamor, quando o ser se enriquece de estima por si mesmo, des-

cobrindo o seu lugar de importância sob o sol da vida e, esplende de alegria, reparte com as demais pessoas o sentimento que o assinala, ampliando-o de maneira vigorosa em benefício das demais criaturas.[9]

[9] FRANCO, Divaldo P. *Amor, imbatível amor.* P. 242 e 243.

Caminhos da vida

Caminhos, sendas, trilhas e estradas que se cruzam ao longo da vida...

Os caminhos são delineados para cada um de nós em nossa programação reencarnatória, todavia, suas demarcações, seus extensos ou breves roteiros, suas mudanças são frutos do livre-arbítrio e de nossa conduta aqui na Terra.

A bússola direcional está ínsita na consciência ética de cada ser.

Observando os caminhos, verificamos quanto são diferentes em suas formações, traçados e roteiros. Na cidade, as estradas modernas feitas pelo homem, buscando sua integração e seu intercâmbio no mundo civilizado, se apresentam áridas e, apesar do intenso movimento, muitas vezes, são trilhas de solidão e insegurança. Os caminhos feitos pela Natureza sob o traçado do caminhar de seus transeuntes, sulcados ao longo dos anos, são rústicos e não obedecem às linhas da engenharia moderna, entretanto, são mais expressivos e nos convidam a maiores reflexões... Distantes das cidades, em algum lugar mais ermo, em roças humildes ou fazendas modernas, os caminhos se assemelham pela singeleza de suas linhas, pela vegetação que delimita suas curvas, pelo chão de terra, com tonalidades variadas, sempre marcados por pés descalços, botas sertanejas, rastros de animais ou sulcos de carroças e carros, deixando trilhas indicativas dos rumos tomados.

Gosto de observar os caminhos da fazenda e me perco em cogitações que me levam a refletir nos mistérios da vida de quantos por ali passaram... Existe um, em particular, que me chama a atenção pela beleza das árvores que o circundam, pela singularidade da curva que o separa de mim, ocultando-me o que poderá ocorrer além deste caminho. Ela poderá significar a distância daquele que parte, a chegada de alguém ou, ainda, demarcar a solidão da ausência dos que não poderão mais cruzar esta dimensão, acercando-se de nós...

Quantos já o percorreram?

Quantos corações ansiosos aguardaram o regresso de alguém através desta estrada?

Quantos sentiram a tristeza de ver partir os que se foram para nunca mais regressar?

Quando penso em caminhos, os vejo amplos, infinitos, estendendo-se além dos limites de minha imaginação... Os atalhos são imprevisíveis, às vezes perigosos... Encurtam distâncias, mas fogem, muitas vezes, ao roteiro traçado.

Para nós cristãos existe um caminho seguro ensinado por Jesus. "*Eu sou o caminho...*" Nem sempre fácil, nem sempre risonho e florido, mas o único apropriado a nos conduzir fielmente na conquista do crescimento espiritual.

Seguir Jesus é prosseguir para todo e sempre na estrada ilimitada e ampla das conquistas imperecíveis do Espírito imortal.

> Segui-lo é renunciar às vãs ambições da posse, das quiméricas aquisições que não transpõem o túmulo. Permutar os limites do que se toca pelo horizonte sem-fim das realizações espirituais. É ter sem deter. Possuindo sem dominar.[10]

Se pensarmos em um caminho digno e nobre para acelerar nosso desenvolvimento moral, é certo que o encontraremos por meio do amor. Não há corações que não se enterneçam ao toque do amor. Por isso, os caminhos dos que amam, mesmo que sejam ásperos e difíceis, com óbices dificultando a marcha, serão sempre perfumados pelas flores do perdão, da generosidade e da ternura.

Caminhos, trilhas, sendas e atalhos que se cruzam e que se perdem nas curvas da ilusão, da desesperança e do desamor... Se amo, supero as pedras do caminho, enfrento as dificuldades do transcurso áspero e difícil porque meus olhos veem além da curva que nos separa do termo da chegada. Meus sonhos e desejos de alcançar o porto final dão-me alento e coragem para prosseguir...

Que de mais seguro existe para nós nas trilhas da evolução? Certamente seguir o roteiro sinalizado pelo Mestre Jesus.

Embora as estradas da terra jazam em abandono pelo descaso de muitos, sem esperança e sem solidariedade, não poderemos nos omitir ante a obra de regeneração proposta por Jesus e consolidada nos ensinamentos espíritas.

---

[10] FRANCO, Divaldo P. *Luz do mundo*. P. 93.

Acendamos a luz da esperança e busquemos o sol deste alvorecer que nos convida a prosseguir.

Há flores no caminho, aguardando os homens que estejam dispostos a vencer as distâncias emocionais e espirituais que os separam, a conquistar os espaços morais! O convite é o mesmo que ontem Ele nos fez e agora nos chega sob ótica nova, profunda, compatível com a época em que nos encontramos.
Decisivo, é penetrante; atual, é libertador![11]

[11] Id. *Há flores no caminho*. P. 2.

Companheiros de jornada

Fazendo uma retrospectiva de nossas vidas, recordando vivências e fatos que presenciamos enquanto jornadeamos em busca do crescimento espiritual, iremos notar que alguns companheiros se destacam, aos nossos olhos, por suas condutas equilibradas, por seus testemunhos de fé e generosidade.

De todos eles procuro, em seus exemplos, o estímulo para prosseguir.

De seus gestos de amor e devotamento, o roteiro para não me perder na insensatez ou no desalento.

De suas palavras e ensinamentos, a estrutura segura para crescer em conhecimento e sabedoria.

Foram esses companheiros valorosos que nos ensinaram o caminho.

Podemos representá-los como balizas de luz a nos indicar a segurança ante os despenhadeiros da estrada ou os abismos da imensidão...

Cada um de nós teve a felicidade de encontrar na vida esses irmãos e se formos buscar no passado longínquo essas lembranças, poderemos nos surpreender ao constatar como foram importantes suas presenças, seus ensinamentos, seus exemplos para a formação de nossos caracteres morais e espirituais.

Podemos encontrar, logo no início de nossa caminhada, nossos pais ensinando-nos no recesso do lar as primeiras noções de amor e confiança em Deus. Nas humildes reuniões em família, quando em prece, nos colocávamos em torno da mesa da sala de jantar para estudar o Evangelho de Jesus. Quantas lições, quantas histórias acerca do bem e da caridade ficaram gravadas em nosso mundo íntimo!... Meus irmãos, com os quais aprendi as primeiras lições de convivência fraterna e de respeito aos direitos alheios.

Nos exemplos de meus pais, assimilei o valor da dignidade e do amor ao próximo, atendendo aos que os buscavam em momentos de dor e necessidade...

Depois chegaram os professores na primeira fase de nosso contato com o mundo escolar. Quem não se recorda da primeira professora? Do primeiro dia de aula ? Eu as vejo tão carinhosas e atentas a nos ensinar as primeiras letras, apoiando-nos nas dificuldades sempre com um sorriso de ternura.

Paralelamente a estes ensinos, ingressávamos na Escola de Evangelização, chamada naquela época de "Aulas de Moral Cristã". Revejo a professora, ensinando-nos a orar com sua voz macia e serena, falando de Jesus, de Kardec, dos benfeitores espirituais e iniciando-nos no conhecimento espírita. Havia um livro pequeno que se chamava *52 lições de catecismo espírita*, de Eliseu Rigonatti, e um especial para mim que era: *De Icléa para as crianças*, psicografia da médium M. Carneiro, cujas mensagens eram publicadas, também, no jornal *Mundo Espírita*. Eu me deleitava com suas leituras e as dividia com as obras de Monteiro Lobato e os livros escolares.

Vieram depois outros personagens importantes na Mocidade Espírita e, por morarmos nesta fase em Barra do Piraí, tínhamos contato com importantes oradores espíritas todos os domingos nas célebres conferências no Grêmio Espírita e as caravanas da fraternidade, na década de 1940.

Ainda nessa fase juvenil, minha irmã Mariinha teve um papel importante em minha vida, despertando em meu espírito a responsabilidade ante os deveres assumidos, valorizando o lado espiritual e ensinando-me o caminho da virtude e do bom senso, do equilíbrio e da tolerância. Partiu muito cedo para o mundo espiritual, aos 36 anos, mas continuou a nos ajudar sempre...

Os professores da faculdade, de seguimento católico, na qual estudei por não haver outra em minha cidade para cursar Sociologia – apesar de certas divergências, em se tratando de alguns pontos da Filosofia e das escolas em que alguns pensadores externavam teorias contrárias aos ensinamentos espíritas –, mesmo assim tiveram uma influência positiva em minha formação acadêmica pela desenvoltura moral com que exerciam o magistério.

Casei-me logo após terminar a faculdade, e, ao lado de meu marido, formamos uma família a qual nos dedicamos com amor e carinho. Caminhamos juntos por mais de cinquenta anos e isto representa a maior parte de minha vida. Quando ele partiu para o mundo espiritual, deixou uma lacuna em meu viver, que procurei amenizar trabalhando na casa espírita, junto aos familiares e àqueles que, ainda, precisem de mim.

Quero ressaltar a presença amiga dos companheiros das lides espíritas que estão sempre me amparando e complementam meus ideais de amor e fraternidade. São inúmeros. Não posso nomeá-los sem cometer equívocos ou esquecimentos, mas seus exemplos marcaram minha vida e suas persistências em prosseguir na seara de Jesus, embora muitos deles tenham dificuldades e momentos de dores acerbas. Estão sempre empenhados na luta redentora pela vitória do amor e do bem. E ao recordá-los, busco nas palavras de Emmanuel o sentido exato do que representam:

> companheiros que, em muitas ocasiões comparecem nas tarefas do bem, vergados ao peso do sofrimento; que se reconhecem constantemente visitados por forças contrárias aos compromissos que abraçam a lhes testarem a resistência; que, não raro, suportam tempestades ocultas na própria alma; que, às vezes, se sentem espancados por injúrias nascidas de muitos daqueles aos quais se afeiçoaram com os mais altos valores da própria vida e, que, no entanto, renovam as próprias forças na doação, através da qual confiam em Deus e em si mesmos, prosseguindo adiante nos encargos construtivos que lhes dizem respeito.[12]

Recordo com carinho todos eles. Alguns já partiram para o mundo espiritual, outros prosseguem firmes e corajosos no trabalho no bem.

E, finalmente, não poderíamos deixar de mencionar os filhos, fiscais severos a nos vigiar constantemente como a nos alertar de possíveis quedas e omissões. Nos surpreendemos inúmeras vezes com a capacidade que têm, alguns deles, de nos conhecer

---

[12] XAVIER, Francisco C. *Amigo*. P. 118 e 119.

tão profundamente (talvez mais que nós mesmos) e nos orientar como se não tivéssemos tantos anos de experiência à frente de seus anos de vida... Mas são tão importantes que a qualquer momento em que sofram ou se desencantem pelos caminhos que percorrem, sentimos em nosso mundo íntimo o reflexo do que sentem... E não conseguimos ter paz nem ser felizes se algum problema os aflige...

Agora que estamos no outono da vida, muito próximo do inverno que esperamos não seja rigoroso demais, nossos filhos e netos são nossos companheiros derradeiros. Aqueles que permanecem mais tempo conosco, graças a Deus. Uma velhice solitária deve ser muito triste.

Você já pensou que um dia, também, será um idoso?

Já se deu conta de que o tempo caminha célere e, a menos que você encerre sua reencarnação mais cedo, estará como nós, com limitações e impedimentos físicos?

Por isso cuide bem de suas aquisições morais e intelectuais enquanto jovem. Aproveite os companheiros que caminham a seu lado e que estejam em condições de repassar para você suas experiências. Seja grato pela família e pelos amigos que compõem sua vida. Somente estes valores o acompanharão até o final da existência e seguramente além das fronteiras do mundo físico.

Companheiros que jornadeiam comigo há longos anos, como sou grata a vocês pela sabedoria com que me socorriam nas horas difíceis e conflitantes de minha juventude... Como admiro a perseverança no bem com que apontavam o caminho seguro da plenitude e da paz...

Nesta mensagem singela agradeço a todos vocês que perfumaram meus dias com as flores da ternura e do perdão incondicional, motivando-me a caminhar sem descanso até a concretização da vida que Deus me deu, rumo às estrelas de meu destino maior.

Companheiros de jornada – Deus os abençoe!

Iniciativas...

Faça o que lhe digo. Solte primeiro uma borboleta.

Se não amanhecer depressa, solte outras de cores diferentes.

De vez em quando, faça partir um barco. Veja aonde vai. Se for difícil, suprima o mar e lance uma planície.

Mande um esboço de rochedo, o resto de uma floresta.

Jogue as iniciais do lenço. Faça descer algumas ilhas.

Mande a fotografia do lugar, com as curvas capitais e a cópia dos seios.

Atire um planisfério. Um zodíaco. Uma fachada de igreja. E os livros fundamentais.

Sirva-se do vento, se achar difícil.

Eles estão perdidos. Mas nem tudo o que fizeram está perdido.

Separe o que possa ser aproveitado e mande. Sobretudo, as formas em que o sonho de alguns cristalizou.

Remeta a relação dos encontros, se possível. E o horário dos ventos.
Mande uma manhã de sol, na íntegra.
Faça subir a caixa de música com o barulho dos canaviais e o apito da locomotiva.
Veja se consegue o mapa dos caminhos.
Mande o resumo dos melhores momentos.
As amostras de outra raça.
Com urgência, o projeto de uma nova cidade.[13]

Lendo o texto acima de Aníbal Machado, de rara beleza e imensa profundidade em sua preocupação com a perpetuação dos sonhos e da criatividade humana, fiquei pensando no quanto somos ricos em oportunidades e motivações para novos projetos de vida e recuperação dos ideais perdidos.

O importante é a iniciativa. Fazer algo que modifique o estado atual das coisas, não apenas do que se toca ou que se perde na avalanche do viver de hoje, mas aquilo que é imponderável e indestrutível dentro de nós por ser eterno. Os valores imperecíveis do Espírito imortal deverão ser preservados se bons e construtivos, mas tudo o que denigre nossa condição de humanos deverá ser alterado para melhor.

Não são utopias ou quimeras, crendices ou mitos que nos confundam a mente. São verdades comprovadas pela Ciência, quanto devemos nos preocupar com nossas criações mentais, com o que sentimos em relação aos outros, com as ondas mentais que emitimos trazendo de volta os mesmos raios de energia para nossa vida.

---

[13] Transcrição do trecho de uma página de Affonso Romano de Sant'Anna. Jornal *Estado de Minas*, 1 de abril de 2007.

Depende unicamente de nós buscar a serenidade íntima, mesmo quando a tempestade lá fora amedronta com sua força destruidora ou o caos se estabelece em torno de nós. O importante é o que estamos construindo em nosso mundo íntimo, como nos portamos nos momentos de lutas e desagravo.

Na construção de uma cidade de sonhos e alegorias, o poeta sabe o que deseja e como se sente, tomando a iniciativa de criar um mundo de paz e felicidade, mesmo que seja uma ideação ainda não concretizada. Ele recorre a todos os itens necessários para realizar esse sonho e certamente consegue.

A manhã de sol, a caixa de música, o mapa dos caminhos, os melhores momentos, o barulho dos canaviais e o apito da locomotiva, o resto de uma floresta, o esboço de um rochedo... Todos elementos indicados como portadores do que se pode ter e enviar para que outros também se beneficiem deles.

"De vez em quando faça partir um barco." Deixando ir o que não se deve prender no coração, na vida, nos sonhos. Renunciar ao que não pode ser preso ou motive a mágoa ou o desencanto de viver. "*Veja aonde vai. Se for difícil suprima o mar e lance uma planície*", simbolizando a remoção da montanha das dificuldades que criamos por nossa imprudência ou descaso.

"Eles estão perdidos, mas nem tudo o que fizeram está perdido." Sempre resta uma esperança de recomeço, de recuperação para os projetos da vida.

Temos, porém, que dar o primeiro passo na iniciativa de acertar, de buscar entendimento, de perdoar, de amar, de ajudar e se preocupar com o outro.

Atravessar a rua, sentir o que o outro está sentindo, colocando-se em seu lugar para averiguar melhor o que se passa, como está vivenciando a dor em suas múltiplas facetas.

Iniciativas nem sempre fáceis pelo imenso orgulho que ainda trazemos dentro de nós, pelo egoísmo e o desejo de posse exclusiva do que consideramos imprescindível para viver bem. Esquecidos de que bem viver é o que importa.

Tão efêmero o mundo das aparências, frágil em sua configuração externa. Tão pequeno o sonho dos que buscam as facilidades do mundo material não se importando com os benefícios do amor desinteressado... Perdem a riqueza dos momentos de paz, de plenitude espiritual e lutam com avidez pela posse, pelo desejo de ter mais e mais... E precisamos de tão pouco para viver bem.

Quanto recebemos da vida em bênçãos de oportunidades e entendimento quando buscamos nas luzes do Espiritismo a razão de viver e a compreensão maior dos objetivos existenciais quando defrontados pela dor e a incompreensão dos que amamos.

Se não exercitarmos amor e caridade com os que estão ao nosso lado, como enfrentaremos as lutas externas e suportaremos os que nos são desconhecidos. Não devemos exigir dos outros um posicionamento idêntico ao nosso, nós que já estamos em condições de entender e perdoar.

É mais difícil, bem o sabemos, perdoar os ingratos que estão ao nosso lado e nos acusam de cometimentos graves que não praticamos. Necessário é, porém, exercitar o perdão justamente para estes, porque estamos no momento exato, no lugar certo para provar nossa condição evolutiva.

> Quando o homem cansar-se da vacuidade e despojar-se da ilusão por exaustão do seu uso desordenado, contemplará o caos à sua volta e ouvirá no recôndito do ser as minhas palavras deste

dia: Bem-aventurados os que sofrem, e, sem dar-se conta, fará a viagem de volta para dentro de si mesmo, sob o comando do amor que lhe vige inalterável, iniciando o momento ditoso de adentrar-se no Reino dos Céus, no longe dos tempos que certamente chegarão...[14]

Tome a iniciativa e recomece um novo relacionamento com aqueles que você ama. Você se sentirá em paz e feliz!

---

[14] FRANCO, Divaldo P. *Há flores no caminho*. P. 131.

Filosofia do otimismo

Da janela do meu escritório, vislumbro nova paisagem, bem diversa da que me acostumei a admirar em nossa antiga moradia... Contornando nosso bairro, como um muro de veludo esverdeado salpicado de flores, neste outono de tantas luzes e cores, observo a solidez da montanha à minha frente... O dia ainda se alonga neste entardecer e fico pensando na vida de todos nós entremeada de lutas e dores, de alegrias e momentos de paz. Busco na Natureza que me envolve a serenidade, o refúgio onde meu mundo íntimo se acalme e meu pensamento se ordene no objetivo que me leva a escrever para você, querido leitor. Assim, procuro levar até seu coração o que sinto, o que posso de melhor oferecer deste conhecimento que a vida nos legou, enriquecida pelas luzes da Doutrina Espírita, abençoada pela fraternidade e o amor dos que me cercam.

A montanha que delimita minha visão não impede que eu descubra atrás de sua forma compacta o que se passa além de seus limites. Ela é justamente o ponto de referência do obstáculo maior a vencer, da necessidade urgente de me deslocar sobre suas árvores floridas e voar rumo ao infinito, onde, certamente, terei a amplidão do longo caminho a percorrer, nessa trajetória, buscando o crescimento espiritual.

Você já notou como surgem em nossas vidas impedimentos e entraves a este crescimento?

Como é difícil sobrepor tais empecilhos para alçar voos mais altos na conquista dos valores imperecíveis do espírito imortal?

É realmente difícil. No mundo moderno parece-nos que tudo conspira contra este desejo de melhoria íntima e de crescimento espiritual. Difícil, mas não é impossível. Tudo dependerá de nosso esforço, de nossa capacidade de alçar este voo de qualidade, de bom senso, de desejo real, na concretização deste ideal enobrecedor – nosso desenvolvimento moral.

Acomodar é mais fácil. Lutar contra tantos obstáculos vai exigir de nós muita perseverança e tenacidade. Mas esse é o caminho de nossa felicidade e de nossa paz.

Emmanuel nos leciona que:

> Se crises dessas te amarfanham a sensibilidade, não esmoreças e suporta com firmeza a tempestade espiritual em que te vejas, sem desertar do posto de serviço em que a sabedoria da vida te situou. Provavelmente, agora não percebes os fios invisíveis que entretecem as ocorrências para o bem, no entanto, se permaneces fiel ao próprio dever, agindo e servindo, em tempo breve, reconhecerás, muito embora as provações sofridas, que a Lei de Deus, em nosso benefício, faz sempre o melhor.[15]

[15] XAVIER, Francisco C. *Amigo*. P. 35 e 36.

O Benfeitor espiritual tece esses comentários suavizando o coração de quantos se viram diante de ocorrências infelizes como enfermidades, perdas de entes queridos, crises morais envolvendo familiares e amigos, diversas dores que, lesando o campo emotivo, requisitam de todos nós vigilância e fé para que não desequilibrem nosso mundo íntimo.

Simbolizando a montanha como a barreira a nos impedir o avanço para nossa libertação espiritual, sabemos que não conseguiremos retirá-la de nossa frente com violência ou insensatez. Requer cautela, prudência e habilidade para contorná-la buscando vencer os percalços da caminhada ou enfrentar com coragem a difícil subida até seu topo, o que irá ferir nossos pés, cansar nosso corpo na sua trajetória íngreme, com perigos a nos espreitar a cada passo... No entanto, vencidas as dificuldades do caminho, quanta beleza na amplidão que descortinamos após a chegada... O horizonte azulado sem limites, o ar puro penetrando nossos pulmões, o aroma das flores silvestres, a água límpida da fonte que nasce em suas entranhas. E o mais importante – a liberdade e a paz que são reflexos da conquista realizada pelo nosso esforço e pela nossa perseverança.

Assim também em nossas vidas. Vencidas as lutas ou enfrentadas com coragem e resignação, superamos as barreiras que nos prendem à retaguarda do medo, da acomodação e da indiferença e conquistamos a consciência ética de que nos esforçamos, de que perseveramos e estaremos livres para novos enfrentamentos em nossa romagem evolutiva.

Agora, voltando a observar a montanha à minha frente, ela se desfaz sob o toque mágico da imaginação e vejo além do horizonte: os campos floridos, o rio que caminha para o mar, serpenteando entre as trilhas que sulcam o vale, ensinando-nos que vale a pena lutar e buscar sempre a concretização de nossos ideais, mesmo que isso nos custe lágrimas, acúleos a nos ferir os pés, lacerações na alma diante da ingratidão e da incompreensão alheia.

Se temos um ideal, vale a pena lutar e viver no encalço de sua realização.

Este é o sentido da vida daqueles que sabem o caminho e não perdem a esperança e a fé!

Para sua reflexão, prezado leitor, transcrevo as luzes da sabedoria de Emmanuel, psicografia do querido Chico Xavier:

> Quando a sombra se faça mais espessa em torno de ti, acende a chama da oração e prossegue. A luz da prece te fará ver a estrela da esperança a guiar-te em rumo certo, porque a esperança é a baliza na marcha de todos os corações que procuram por Deus.! [...] Ergue-te a cada dia para fazeres o melhor que puderes.[16] Por maior seja a dor que te fira, asserena-te e espera, mas espera agindo para o bem. Nunca te entregues ao desespero. Certas provas expressam bênçãos ocultas das quais, na Terra, não se compreende o significado imediatamente.[17]

Nada será obstáculo em sua vida, se dispuseres a lutar com fé e otimismo!

---

[16] XAVIER, Francisco C. *Amigo*. P. 96.

[17] Id., ib., p. 94.

Diálogo familiar

A chuva caíra durante toda a noite encharcando o vale e a capineira... Nas encostas dos morros vizinhos podia-se ver, ainda, pequenas poças de água que escorriam silenciosamente...

Em torno da casa o gramado refletia as luzes do amanhecer nas gotas de chuva que salpicavam nas hastes mais longas do capim, balanceando-se sob o influxo da brisa matinal... O céu azulado carregava nuvens esbranquiçadas lembrando embarcações com destino ignorado, içando suas velas rumo ao infinito das horas... Os pássaros estavam inquietos e voavam em bandos, pousavam de quando em vez nas árvores e, movimentando os galhos, faziam descer como fios de prata as águas retidas em suas folhas... Do solo molhado chegava até nós o cheiro de terra, de flores silvestres, trazendo-nos à lembrança outros tempos, outras manhãs de verão. Tudo em volta lembrava o renascer de um novo tempo, de novas esperanças...

Meu coração, entretanto, estava ressequido e sem a costumeira paz que acompanha meus dias neste outono da vida... Estranhos pensamentos invadiam minha mente, ensombrando meu ser. Tentava reagir olhando tanta beleza em torno de mim, mas retornavam os mesmos e constantes apelos à tristeza, ao desânimo... A terra amanhecia de alma lavada após a chuva que se abatera sobre ela, mas minha alma não conseguia emergir daquele mundo de sombras e tristes pensamentos...

Pus-me a orar, erguendo meus olhos até a mais alta montanha, distante e azulada, onde os raios do sol já projetavam luz e vida. Consegui pensar na grandeza de Deus e assim me senti melhor e comecei a refletir nas causas que me levaram a tanto desalento e lembrei-me de você, meu filho.

Voltando a um tempo distante, revi você cavalgando na capineira que estava diante de mim... Você era ainda um adolescente, tão forte e de feições tão perfeitas, cabelos revoltos ao vento, que corria em minha direção mostrando seu cavalo; habilidade e força competiam com sua coragem e juventude...

Tão distante esta fase de nossas vidas, como me sinto hoje, com você tão ausente, embora perto fisicamente... Fiquei recordando os momentos em que conversávamos sobre o futuro, seus planos, seus desejos e projetos...

Havia muita confiança e semelhança entre nós – aquela mesma insegurança ou timidez que escondia nossa coragem ao enfrentar desafios, nossa insatisfação ante um gesto de injustiça, nosso desapego às coisas materiais e até mesmo um certo desprezo pelos que se debatem com lutas tão injustificadas para possuí-las.

O tempo muda tanto as pessoas ou somos nós que mudamos o tempo, usando nossas disposições como veículos inadequados à viagem da vida?

Na sua maturidade, atualmente, já não descubro aquele jovem de outrora, de olhos sonhadores e alma desnuda como a terra molhada que a água da chuva lavou, levando detritos, removendo impurezas...

Foram difíceis seus dias. A luta tem sido árdua neste atalho que você escolheu, distanciando-o da estrada larga e promissora em que deveria ter permanecido...

Mesmo assim, não deixe que as dificuldades materiais, os embaraços e as lutas do dia a dia sufoquem seus ideais enobrecedores. Reaja e lute pelo ideal de sua vida.

O amor é sempre responsável. Amando, você se sentirá sereno e estará semeando em torno de você o entendimento, a paz, e as aspirações mais nobres poderão se tornar realidade, condizentes com sua condição de filho de Deus.

As lutas íntimas serão sempre travadas no silêncio de suas horas de reflexão. As batalhas externas são as mais fáceis de ganhar, contudo as que travamos em nosso mundo íntimo são as mais penosas e difíceis. Não desanime. Estas requerem muita renúncia, coragem e abnegação.

Repila com veemência os pensamentos materialistas que o levam a menosprezar as melhores aspirações de seus sentimentos religiosos como se a alma estivesse destinada ao aniquilamento após a morte física... Não menospreze os ensinamentos que procurei semear em seu coração para que lhe servissem de apoio na vida adulta, minimizando as dores de seu espírito necessitado de amor e compreensão...

Não seja alheio ao sofrimento dos que estão caminhando a seu lado... A solidariedade é a alavanca da paz e do progresso moral da Humanidade e você faz parte dela.

Observe aqueles que sempre estiveram a seu lado, dando todo o suporte para que sua vida fosse menos árdua e não lhe faltasse o essencial. Procure desenvolver em seu coração o sentimento de gratidão que é uma virtude rara, mas muito importante para que tenhamos serenidade íntima.

Não desanime. Olhe para trás e veja quantos obstáculos você já conseguiu superar e quanto já cresceu. Mantenha puros seus sentimentos e aprenda a perdoar. É um exercício constante esse aprendizado que nos torna menos egoístas e mais solidários.

Hoje, neste diálogo familiar, que desnuda minha alma ante o desejo de ajudá-lo, busco na prece o apoio de que necessito. Procure manter-se tranquilo e ter em sua vida a bênção de Deus que, certamente, melhor do que eu, sempre o amou e sabe quanto você merece para prosseguir vencendo suas lutas e dificuldades.

Rogando a este Deus de Amor que o abençoe, sua mãe.

Conta do destino

Quando Allan Kardec analisa em profundidade o dogma da reencarnação, em *O Livro dos Espíritos*, tecendo considerações sobre as pluralidades das existências, e essa será a única vez em que desenvolve sua teoria acerca de um dogma, já que a Doutrina Espírita nada impõe como incontestável, admiramos a coragem do mestre na defesa de seu posicionamento. Realmente, a reencarnação é o ponto fundamental e indiscutível da Doutrina Espírita. Sem a compreensão da lei de causa e efeito não explicaríamos a Justiça Divina, e sem as vidas sucessivas não compreenderíamos a Lei Natural ou Divina.

Nesta introdução, quero levá-lo, estimado leitor, a recordar comigo e reavaliar a importância da obra de André Luiz, psicografia de Chico Xavier, *Ação e reação.* Aliás, todas as obras de André Luiz são de um valor inestimável, cujo teor científico, moral e filosófico ainda não foi totalmente aquilatado por nossa geração. Na obra *Ação e reação*, encontramos explicações valiosas sobre a lei de causa e efeito, dando-nos uma visão mais ampla do elo existente entre as encarnações que se sucedem, e das lutas e resgates do pretérito, cujos efeitos comprometem nossos espíritos na conta de nossos destinos.

O ministro Sânzio, um dos instrutores espirituais de André Luiz, no referido livro, retrata na entrevista "conversação preciosa" toda a sistemática da lei de causa e efeito, elaborando com profundo conhecimento do processo reencarnatório uma exposição clara e objetiva do enunciado sublime que os cristãos receberam de Jesus há mais de dois mil anos:

> "Não te admires se eu te disser: importa-vos nascer de novo". (João, 3:7.)

Tece importantes comentários acerca do carma, expressão hindu que em sânscrito quer dizer "ação", designando "causa e efeito", pois toda ação ou movimento deriva de causas anteriores. São créditos ou débitos que vamos acumulando ao longo das vidas sucessivas, não apenas de caráter individual, mas certamente englobando coletividades, povos, raças e instituições. Temos diariamente, por intermédio da mídia, notícias de desastres, tragédias, atos de terrorismo, mortes acidentais de grupos, facções extirpando vidas, interrompendo atividades de milhares de indivíduos ao mesmo tempo, denotando expiações e resgates de vidas passadas.

Muito interessantes os comentários que o Benfeitor espiritual faz da "conta do destino" criada por nós mesmos, esclarecendo que a contabilidade divina possui um sistema contábil para apurar, controlar e aplicar a justiça inalienável. Esclarece que, se os homens na Terra se esmeram no estudo das organizações e métodos adequando as empresas a um melhor funcionamento, a "Casa de Deus" – que é todo o Universo com a administração divina – dispõe de sábios departamentos para relacionar, comandar e engrandecer a vida cósmica dentro da mais criteriosa justiça.

Assim, a Providência Divina regula todas as nossas atividades nas vidas sucessivas e nos intervalos das reencarnações, quando recebemos a bênção do repouso temporário ou a flagelação da dor expiatória, preparando-nos para novos ciclos na vida terrena. O Espírito terá a seu dispor os créditos, mediante empréstimos ou concessões divinas, para realizar seu progresso aqui na Terra, aprimorando seu conhecimento, exercitando o bem, utilizando sua liberdade, vantagens sociais, propriedades, inteligência, meios de expressão e comunicação, utilizando-os para o bem ou perdas inestimáveis, contraindo maiores débitos se usar seu livre-arbítrio e todas essas concessões para o mal.

Daí nossa responsabilidade ante o conhecimento da Doutrina Espírita e no uso de nossa liberdade e de nosso tempo.

Um dos aspectos mais comuns na análise dos bens que usufruímos está na utilização da riqueza. Estamos conscientes da necessidade do desapego aos bens materiais e sabemos que o conceito de propriedade aqui na Terra não passa de simples suposição. Somos os usufrutuários destes bens e temporariamente podemos utilizá-los. Contudo, poucos são desapegados ou generosos quando se trata de dividir, repartir, transferir... As concessões em determinada reencarnação em forma de bens materiais, de títulos e posições sociais são temporárias, e somos realmente possuidores das virtudes e valores morais que já tenhamos adquirido, enriquecendo nossas vidas.

Nossa alma cria para si mesma as circunstâncias felizes em que se encontra. Do nosso hoje dependerá o porvir. Se semeamos o bem, a compreensão e o amor, colheremos os frutos da boa semeadura, mas se negligenciamos as oportunidades concedidas para nosso progresso moral, se demoramos na faixa escura do egoísmo e do orgulho, estaremos dificultando nossa vida e criando forças negativas e contrárias ao nosso desenvolvimento espiritual.

A Doutrina Espírita nos dá a orientação segura e lógica do processo regenerativo que a alma se submete por intermédio da reencarnação. Allan Kardec, na questão 167 de *O Livro dos Espíritos*, indaga: "Qual o fim objetivado com a reencarnação?". E os Espíritos superiores respondem: "Expiação, melhoramento progressivo da Humanidade. Sem isto, onde a justiça?".

E na questão 171:

> Em que se funda o dogma da reencarnação? Na Justiça de Deus e na revelação, pois incessantemente repetimos: o bom Pai deixa sempre aberta a seus filhos uma porta para o arrependimento. [...] Todos os Espíritos tendem para a perfeição e Deus lhes faculta os meios de alcançá-la, proporcionando-lhes as provações da vida corporal. Sua Justiça, porém, lhes concede realizar, em novas existências, *o que não puderam fazer ou concluir numa primeira prova.* [...][18]

No livro *Ação e reação*, Sânzio esclarece: "Se claudicamos nessa ou naquela experiência indispensável à conquista da luz que o supremo Senhor nos reserva, é necessário nos adaptemos

[18] KARDEC, Allan. *O Livro dos Espíritos*.

à justa recapitulação das experiências frustradas, utilizando os patrimônios do tempo".[19]

"Há expiações no céu e na Terra." Aproveitemos nossas horas cumprindo nossos deveres, praticando o bem, perdoando e amando incondicionalmente, para merecermos a quitação de nossas contas – sementes do destino – cuja colheita nos pertence, para que tenhamos expiações na Terra evitando os sofrimentos e as dores após a desencarnação, chorando as horas perdidas em aflições desnecessárias.

Como trabalhadores da última hora, há muito a realizar e o tempo é escasso para a quitação da conta do destino de cada um de nós...

---

[19] XAVIER, Francisco C. *Ação e reação*. P. 93.

As vozes da Natureza

Gosto de ouvir o vento soprando na campina verdejante que se alonga, buscando o horizonte, em tardes tranquilas, na varanda da fazenda.

Distante do bulício da cidade, onde os sons se confundem com o barulho dos carros e das vozes dos transeuntes que caminham em busca dos sonhos e dos deveres de cada dia, a sonoridade do vento se perde. No campo é mais perceptível, mais nítida quando nos dispomos a ouvi-la.

Na tranquilidade da Natureza é mais fácil entender as mensagens do vento, em diferentes horas do dia, em seus movimentos e velocidades que trazem notícias de um tempo distante que se perde na voragem das coisas perecíveis... Poucos conseguem entender o que dizem. É preciso saber ouvir e buscar nos sons difusos e céleres a mensagem da vida que retrata o país dos sentimentos e guarda em suas paragens a alma do amor. Acontece em momentos raros quando nossa alma descansa na serenidade e na paz. Podemos, então, entender as vozes da Natureza.

Em manhãs ensolaradas da primavera, seus sons são alegres, suaves, envolvendo-nos com o perfume das flores que descansam à beira dos caminhos... Chegam até nós com notícias dos pássaros que retornam, após o rigoroso inverno, trazendo-nos de volta os sons do amor que habita os sonhos dos poetas, amantes das belezas da Natureza, distanciando-nos da realidade.

No verão, antecedendo as tempestades, chega com maior velocidade e lava detritos e folhas ressequidas, como a carregar mágoas dos que sofrem na solidão dos dias perdidos, para depois, suavizando as agruras das perdas, recompor a vida em seus objetivos e em sua harmonia.

No inverno, chega mais cedo e permanece em dias que se alongam, com rajadas frias; os nevoeiros teimam em continuar sobre as montanhas, indicando a morosidade da vida para os que não conseguem mais sonhar ou já não choram, ressequidos pelas dores do desencanto e o frio da solidão.

No outono, vem de mansinho, aos poucos, a falar das loucuras do verão que passou tão rápido, varrendo as folhas douradas que caem das árvores, sacudidas pela renovação da vida, preparando-as para um novo inverno.

O vento, entretanto, traz mensagens apenas para os que sabem ouvi-las, aquietando o coração, aguçando os sentidos na intimidade do ser, buscando o entendimento maior do valor da vida, sem se prender ao que é perecível e se perde no tempo.

As vozes da Natureza são sábias e os mais simples e humildes as entendem melhor e sabem respeitá-las. Como o poeta que sabia "ouvir as estrelas", eles conseguem ouvir o vento nos campos e nas montanhas. Com avisos sobre o tempo, com notícias dos que partiram e com as lembranças evocadas pelo perfume que trazem das flores e das folhagens...

Para entender, porém, o que dizem, é preciso amar e respeitar a Natureza em todas as dimensões e estados da consciência ética.

Ao longo da vida, aprendi a amar e ouvir as mensagens do vento e sei distingui-las em diversas horas do dia. E cada um de nós ouvirá o que sente e o que deseja. Não há mistério algum...

Tudo irá depender do estado de espírito, do humor, da disponibilidade de ouvir e entender o que nos traz o mensageiro das nuvens.

Você se surpreenderá com a riqueza de tudo o que lhe cerca, em se tratando da Natureza. Amando-a e entendendo-a, procuro repassar o que sinto para vocês. Quem sabe um dia todos a respeitarão e o nosso planeta não irá se ressentir de tantas agressões.

Você, querido leitor, já deve estar pensando que estou divagando demais, ouvindo sons de seres inanimados, mas há um elo profundo a nos unir a todos eles. Há milhões de anos estamos interagindo com eles e desde os tempos mais remotos nos servem e nos sustentam.

O que ouço, então, quando estou a sentir os sons não perceptíveis de alguns ou os ruídos mais sonoros de tudo o que nos cerca no seio da Natureza?

As notícias vêm de longe, de um tempo mágico de nossa infância espiritual, quando ainda não estávamos dominados pelo desejo de posse, pelas lutas, disputas e ilusões do poder. Lutávamos, sim, para sobreviver num mundo inóspito e primitivo.

Éramos tão somente simples e ignorantes, sem definir, ainda, nossas propensões ao bem ou ao mal. Rudimentos de inteligência e escassas possibilidades de ideação ou conquistas intelectuais, com os sentidos aguçados ante os desafios da Natureza.

Milhões de anos são passados. Fomos incorporando às nossas vivências novos costumes, novos hábitos...

Com o progresso advindo de novos avanços tecnológicos, fomos deixando nosso hábitat, adentrando às cidades em busca de novas oportunidades.

E hoje o que presenciamos? O abandono das leis básicas de uso e aproveitamento do solo, a poluição do ar, o envenenamento dos rios e lagos, a destruição da camada de ozônio com graves consequências para o ser humano. Tão graves que os cientistas e alguns dirigentes de países mais responsáveis estão buscando soluções e alternativas. Tarde demais? Creio que não. Há de se respeitar a Natureza e refazê-la no que for possível. Ela certamente responderá a este novo mundo de respeito e a tudo o que se fizer para salvá-la com gestos de amor e bênçãos para todos nós.

É tão somente uma questão de sentimento e gratidão.

E deve começar em cada um de nós...

Amor - Lei da vida

O amor é a essência da vida.

"Deus é amor", acentuava o apóstolo João, imbuído da certeza de que somente por meio deste sentimento o homem poderá vencer a si mesmo e ao mundo. À medida que assimilamos e vivenciamos o amor, vamos nos aproximando cada vez mais do Criador.

Estamos imersos neste amor causal da evolução nos dois planos da vida – material e espiritual. Essa força criadora que a tudo governa, desde o macrocosmo aos micro-organismos do mundo, exerce sua atração mecânica, estabelecendo a harmonia em tudo o que existe no Universo. Nós, que habitamos o planeta Terra, ínfima parcela deste Universo, estamos, ainda, ensaiando os primeiros passos na compreensão deste amor imensurável que provém da Criação Divina. Jesus nos ensinou o caminho da redenção espiritual que nos conduz ao amor mais pleno e nos proporciona uma assimilação maior desta fonte inesgotável donde provêm as energias vitalizantes destinadas ao nosso equilíbrio físico e mental.

Vivemos num mundo de ondas e vibrações. Exalamos e inalamos fluidos que se afinam com o nosso mundo íntimo, expresso através dos nossos sentimentos e por eles caracterizados. Nosso pensamento é força criadora que plasma e constrói nosso futuro. A vivência do amor satura o íntimo de sentimentos nobres, altruístas e nos faz receptivos a energias positivas e criadoras do Universo.

O pensamento, que é a manifestação de nossos ideais e retrata nosso mundo interior, tem sua origem no Espírito eterno e, certamente, irá refletir em nosso exterior, de forma saudável ou negativa, o que pensamos, como agimos e reagimos ante os desafios do caminho.

A educação do pensamento é essencial em nosso processo evolutivo e na busca das soluções dos problemas diários, no enfrentamento das dificuldades em nossos relacionamentos, na harmonização de nossa vida orientada pelas diretrizes das lições do Evangelho de Jesus.

Em torno de nós a harmonia predomina na Natureza, nas leis de equilíbrio da vida, como orientações ao nosso desenvolvimento moral e espiritual, emoldurando nossas vivências com as belezas que cantam em toda a parte a nos indicar o roteiro seguro, na edificação do bem maior em todos os momentos.

Cabe a cada um de nós desenvolver essas potencialidades e educar nossos sentimentos para que o nosso pensar seja claro e objetivo, coerente com os padrões éticos preconizados pela moral cristã.

Refletindo acerca do amor em nossas vidas, podemos dizer que ele habita nosso mundo interior quando:

- Beneficiamos nosso próximo sem aguardar retribuição.
- Perdoamos sem condicionar nosso gesto ao arrependimento do agressor ou sua consideração para conosco.
- Ajudamos aos caídos do caminho, sem preconceitos ou exigências de mudanças em suas vidas.
- Compreendemos a ingratidão dos que amamos sem nos tornar amargurados ou descrentes.
- Renunciamos em favor dos outros nossas facilidades e oportunidades sem cobrar atenções ou gestos de gratidão.
- Somos indulgentes sem proclamar nossas virtudes.
- Somos humildes sem subserviência ou revolta íntima.
- E temos em nosso coração a alegria de viver em paz, agradecidos a Deus por tudo que recebemos da vida.

Para nós que já percorremos uma longa vida e já adentramos na maturidade física, buscando a espiritual, talvez seja mais fácil agir como enumeramos acima, mesmo assim é árdua a estrada da redenção espiritual.

Somos meros aprendizes do Evangelho de Jesus! Entretanto, se perseverarmos no bem, veremos que nossos hábitos irão se consolidando e estaremos, no futuro, agindo naturalmente com equilíbrio e bom senso.

Na história das civilizações encontramos exemplos de abnegados apóstolos do bem exercitando o amor e influenciando beneficamente o pensamento daqueles que os seguiam. Eles nos apontam os caminhos, encorajam-nos a prosseguir nas lutas redentoras, edificam com seus gestos de amor o alicerce sublime de uma nova era de paz e fraternidade a que todos estamos destinados.

Todos nós trazemos em nosso mundo íntimo a centelha divina desse amor. Se ainda não o sentimos ou o sufocamos nas sombras do egoísmo e do orgulho, estamos retardando nosso progresso moral.

Joanna de Ângelis nos diz que:

> A harmonia que predomina no Universo igualmente se encontra no ser humano, que momentaneamente está em desenvolvimento dessas belezas que cantam em toda parte, emulando-o ao avanço sem repouso, ao trabalho sem fadiga, à edificação do melhor em todos os momentos.[20]

Não esmorecer, portanto, ante os desafios do caminho, ante as incompreensões dos que estão ao nosso lado, ante os desenganos que tantas vezes nos levam ao desejo de tudo abandonar e perder os ideais acalentados ao longo dos anos, no esforço incessante de alçar voos mais altos sem nos darmos conta de que nosso lugar é aqui mesmo e nosso momento é este, o agora, na concretização de nossos deveres e compromissos.

Trabalhar sempre, sem pausas inoportunas ou descansos descabidos que nos distraem e perturbam nossa caminhada, retardando-nos o avanço, mas sobretudo buscar nas realizações enobrecedoras o motivo real de nossas vidas em seu sentido mais amplo, enriquecendo nossas horas com as luzes do amor que habita os recônditos de nosso ser imortal.

---

[20] FRANCO, Divaldo P. *Vida: desafios e soluções*. P. 150.

Edificar nosso mundo íntimo com os alicerces do amor, sol em nossas almas, impulsionando-nos aos gestos mais nobres e às realizações sublimes da generosidade, do perdão, da compreensão e da tolerância, vivenciando-as em todos os momentos de nossas vidas, seja no lar, na casa espírita, na sociedade, exemplificando em cada momento a nobreza de ser parte deste Universo imensurável que é o Amor Divino, que a tudo comanda e a tudo provê.

Agindo assim, estaremos realmente imersos neste Amor que é a essência da vida, e nosso entardecer será mais iluminado com as cores da esperança e da plenitude íntima.

A POESIA E O SOFRIMENTO

E que na minha memória fique esta vida bem viva, para contar minha história de mendiga e de cativa e meus suspiros de exílio. Porque há doçura e beleza na amargura atravessada e eu quero a memória acesa depois da angústia apagada. Com que afeição me remiro.[21]

Analisando os versos da poetisa e de tantos outros que vivenciaram momentos de dor e souberam gravar por meio da poesia fatos inesquecíveis que marcaram suas vidas, encontramos sempre o elo inseparável do sofrimento e do sentimento de perda que eles souberam imprimir com beleza e serenidade.

Podemos afirmar que o sentimento de renúncia e a capacidade de transformar em versos a dor que os oprime coloca-os em condição privilegiada na vida terrena, sem mitificar sua po-

---

[21] MEIRELES, Cecília. *Poesia Completa.* Vol. I, p. 472.

sição espiritual e sensibilidade ante o mundo, enaltecendo o mérito e valores já conquistados moralmente.

Sinto muito presente em minha vida os versos de alguns pensadores e poetas que me ajudaram a vencer dificuldades, que amenizaram momentos de angústia e dores acerbas. Daí meu sentimento de gratidão a inúmeros deles, sejam seus versos psicografados por Chico Xavier, como os de Auta de Souza, Maria Dolores, sejam os de Cecília Meireles que tocam meu coração, ou os pensamentos de Tagore, de Amélia Rodrigues, na psicografia de Divaldo Franco... Todos eles caem como gotas de orvalho em meu coração ressequido quando a dor visita minha alma em momentos de incompreensão e de desafios existenciais.

Quando iniciei esta conversa com você, querido leitor, acabara de ler os versos acima de Cecília Meireles, que me faz companhia há tantos anos, mesmo sem que ela saiba. Todavia esse é o destino dos poetas, dos escritores, dos comunicadores que expressam sua arte – chegarem tão perto de seus leitores, serem acolhidos com afeição, às vezes até veneração, e muitos deles não se darem conta disto, por ser impossível estar tão presente em tantos lugares há tanto tempo, por meio do pensamento, mesmo aqueles que já estão em outra dimensão de vida.

Por entender que a vida com poesia fica mais amena e se torna mais gratificante, é bom, de quando em vez, aprofundarmo-nos um pouco mais nas belezas com que os poetas se expressam... Convido-o a buscar o melhor entendimento e expressão destes versos – *que na minha memória fique esta vida bem viva, para contar minha história* –, neles Cecília Meireles busca retratar sua experiência, mesmo sofrida, memorizando-a como indicador para, nos dias futuros, evitar novos desenganos, e sinalizar para os que a leem como agir nesta travessia sem erros e com mais serenidade íntima.

Não vivemos apenas no presente. Podemos nos colocar fora do tempo atual, mentalizando nosso passado ou nos projetando no futuro. É uma característica do ser pensante. Podemos dizer que a memória não registra apenas nosso passado. Ela é a depositária de nossas lembranças, de nossos sonhos, de tudo o que é significativo para o nosso presente. E podemos utilizá-la como referência para nosso progresso moral, evitando incorrer nos mesmos erros e ajudando-nos a vencer nossos temores e conflitos.

"Porque há doçura e beleza na amargura atravessada e eu quero a memória acesa depois da angústia apagada." – Quem tem a sensibilidade de acolher estes versos e lembrar os momentos de dor atravessados, dos quais podemos colher instantes de rara beleza e mesmo nuances de paz quando visitados pelos fios invisíveis do amor de Deus, que atende nossas súplicas, entende seu desejo de guardar na memória a vida bem viva e de manter acesa esta lembrança depois que a dor e a amargura se dissipam. É um compromisso do poeta para com a vida, sobrepor-se ao sofrimento e relatar sua experiência para que outros se beneficiem de tudo que ele apreendeu, de tudo que sofreu...

"Com que afeição me remiro" – diz a poetisa – feliz ao resgatar por meio da dor o que a oprimia e sentindo a liberdade dos que sonham e fazem de suas vidas exemplos de renúncia e, generosamente, compartilham seus momentos de encantamento e privacidade.

Pessoas assim já estão no limiar de uma nova vida, vivem nos dois planos existenciais – o material e o extrafísico – na condição de exilados das regiões mais sutis que o pensamento os leva a contemplar. Percebem nuances e detalhes em tudo que os cerca, como poucos conseguem ver – seja no orvalho que tremula na folha ressequida ao amanhecer, seja na dança das nuvens no entardecer, ou no espelho das águas do lago que retratam a beleza do céu, das árvores que o circundam, no sorriso triste do ancião e no beijo frio da menina pobre que recebeu seu olhar e sua bondade... O poeta percebe como ninguém a beleza da vida, a bondade de Deus, o poder da renúncia e do perdão. Quase sempre incompreendido, não tem pressa e aguarda sabiamente que os outros também saibam contemplar a vida e possam sentir a poesia das coisas...

Tive a felicidade, na minha juventude, de conhecer poetas sonhadores com este mundo de paz e encantamento, um em especial acompanhou de perto meu ingresso no Movimento Espírita como "orientador" da Mocidade Espírita da que eu participava na saudosa Barra do Piraí. Sebastião Lasneau é o seu nome, e prossegue pela mediunidade de Raul Teixeira a nos beneficiar com seus versos e indicar o roteiro seguro para nossas vidas, sob as luzes do Evangelho de Jesus.

O maior de todos os poetas foi Jesus, que lecionava a mais profunda filosofia de vida – o amor – com exemplos simples da Natureza e do cotidiano dos homens, como o grão de mostarda, a beleza do mar, a riqueza do trigo, a semente a brotar em terra fértil, os peixes na rede, dourados pelo sol do entardecer, a simplicidade da criança, os caminhos floridos de Betânia e, mesmo na cruz, encontrou no gesto do perdão a sublime experiência da amargura atravessada e superada como legado maior aos que viriam depois dele e entenderiam que o sofrimento é companheiro dileto dos que amam e sabem compor versos para minimizar as agruras dos que sofrem, ofertando o coração como setas de luz no caminho dos homens.

Se você, meu amigo e irmão, companheiro de ideal, sabe compor versos, distribua-os com generosidade para os que caminham a seu lado, fale do seu amor, de sua vida, de suas experiências e estará semeando flores de renúncia, de perdão, de estímulo e alegria de viver, o que certamente o fará feliz mesmo nos momentos de dor... Porque na vida dos poetas, sob a análise fria de alguns, tudo é incoerente, porém para muitos sinaliza o roteiro seguro para alçar voos mais altos aonde a sensibilidade os possa levar. Para eles não se conta apenas o tempo quantitativo, prevalecendo em suas memórias mais fortemente o tempo qualitativo, que deixa marcas indeléveis.

Se possível for, desejo que você possa *sentir,* como a poetisa, o valor real do tempo:

"E que na minha memória fique esta vida bem viva para contar minha história de mendiga e de cativa e meus suspiros de exílio".[22]

[22] MEIRELES, Cecília. *Poesia Completa.* Vol. I, p. 472.

A grandeza do tempo

Usualmente definimos o tempo como a duração das coisas e pessoas, sucessão dos dias, horas, minutos ou, ainda, o período que une dois acontecimentos. O tempo, em sua diversidade, não é igual para todos. Muitas vezes passa célere, deixando-nos aturdidos ante os acontecimentos que não podemos controlar... De outras vezes, lentamente, retardando nossa vida, como se estivéssemos parados como meros expectadores diante do que nos sucede. E, não raras vezes, ficamos ansiosos desejando que os minutos e horas corram para que possamos assistir ao que nos aguarda nas fronteiras da vida...

Condicionamos o tempo aos acontecimentos da existência, dividindo-o em faixas etárias e estabelecendo tempo para estudar, para amar, para casar, para trabalhar, para descansar, para meditar no que se fez; enfim, muitas atitudes ficam perdidas no tempo sem nenhuma conotação aparente com o que nos sucede no momento atual.

Quando já amadurecidos pelo conhecimento espírita, podendo vivenciar o Evangelho de Jesus, é sempre tempo de trabalhar, de recomeçar, de se arrepender, de reparar, de lutar por dias melhores, de perdoar, de amar...

O tempo é tão importante para nós, Espíritos imortais, que perdê-lo significa não conseguir nunca mais recuperá-lo nas mesmas condições e será sempre muito importante saber usá-lo com sabedoria, pois ele irá determinar como estaremos vivendo em nosso futuro.

O tempo é muito generoso quando sabemos entendê-lo e também cura muitos males. Basta ter paciência, saber esperar o momento oportuno. A vida terrena é muito rápida comparada à eternidade do Espírito. Não dispomos de muito tempo em cada reencarnação e temos que usufruir ao máximo a oportunidade que nos foi concedida para nosso progresso espiritual.

Em *O Livro dos Espíritos*, questão 240, Allan Kardec indaga aos Espíritos superiores sobre o tempo: "A duração, os Espíritos a compreendem como nós?". Obtendo como resposta: "Não e daí vem que nem sempre nos compreendeis, quando se trata de determinar datas ou épocas". E Kardec elucida: "Os Espíritos vivem fora do tempo como o compreendemos. A duração, para eles, deixa, por assim dizer, de existir. Os séculos, para nós tão longos, não passam, aos olhos deles, de instantes que se movem, na eternidade, do mesmo modo que os relevos do solo se apagam e desaparecem para quem se eleva no espaço".[23]

Os Espíritos vivem em outra dimensão. Têm constituição específica e, por serem incorpóreos, não ocupam um espaço físico percebido pelos nossos sentidos. Quando estudamos o

[23] KARDEC, Allan. *O Livro dos Espíritos*.

perispírito e suas propriedades, entendemos como são diferentes nossos padrões de medida e percepção dos estabelecidos no plano espiritual. A Ciência tem avançado bastante no campo da Física, coerente com os ensinos dados pelos Espíritos por meio das obras psicografadas, principalmente por Chico Xavier, com abordagens profundas no estudo da energia e dos fluidos, mas estamos muito distanciados, ainda, da compreensão maior do que realmente acontece nesta outra dimensão de vida.

Agora que já adentramos na etapa final de nossas vidas, o tempo vai se tornando mais valioso. Já conseguimos auferir valores com maior discernimento.

Nestas reflexões acerca do tempo, recordamos tantos fatos ocorridos e as inúmeras vezes que ouvimos de corações amigos sábias advertências convidando-nos a aguardar mais um pouco, não nos precipitarmos, esperar pacientemente o tempo passar... Quando você sofrer alguma injustiça ou for alvo de censura, sendo mal interpretado em suas atitudes, lembre-se de que o "tempo é o melhor advogado de defesa" e aguarde... Ele irá apagar as lembranças inoportunas, os aborrecimentos, as mágoas...

Nem sempre podemos agir dessa forma. Muitas vezes temos de tomar posições ante as lutas do dia a dia, para não sermos omissos, principalmente quando se trata de defender ou ajudar nosso próximo. Contudo, em causa própria, a melhor conduta é o silêncio, a espera, deixar que o tempo abençoado nos faça ver melhor as coisas, os acontecimentos.

Quando estamos no meio do nevoeiro, não distinguimos nada em torno de nós. Assim, também, quando estamos vivenciando os acontecimentos, não estamos fora do tempo, não podemos visualizar melhor o que nos acontece, como proceder sem complicar, ainda mais, nossas vidas.

O melhor a fazer é dar um tempo, esperar que as coisas se esclareçam.

Esta atitude não é omissão ou irresponsabilidade. É fruto da serenidade íntima com a qual devemos atender aos impositivos da vida.

Prossigamos trabalhando, cumprindo nossos deveres, e deixemos que o tempo modifique nossas disposições íntimas ante os fatos que não podemos mudar.

Aconselha-nos Joanna de Ângelis:

> São os problemas solucionados que proporcionam maturidade e harmonia íntima. Sem eles, como exercícios, torna-se improvável o êxito. [...] A felicidade é, portanto, uma forma de viver e, para que se torne permanente, é necessário que seja adquirido o nível de consciência do espírito, e isto começa quando se descobre e se atenta para o que realmente se deseja da vida além dos níveis imediatos do gozo e do prazer.[24]

A conquista deste estágio dependerá unicamente de nosso esforço e vale a pena lutar, *enquanto é tempo*, na busca do que constitui, realmente, a felicidade.

---

[24] FRANCO, Divaldo P. *O ser consciente*. P. 141 e 142.

Encontros e desencontros...

"Era preciso que atravessasse a Samaria."
(João, 4:30.)

Simples frase que inicia uma das mais notáveis passagens do Evangelho de Jesus, na qual o evangelista João, com todo o simbolismo de sua linguagem, narra o encontro do Mestre com a Samaritana.

Analisando as palavras – era preciso que atravessasse a Samaria – percebemos que Jesus poderia ir por vários caminhos, saindo de Jerusalém em direção à Galiléia. Todavia preferiu galgar as montanhas de Efraim, penetrando os limites de Samaria, evitados pelos nascidos em Judá. Era um caminho áspero, pedregoso, mas, enquanto faziam a íngreme escalada, já sentiam os ventos alísios refrescando seus corpos e descortinavam o mar ao longe, por entre as colinas que se destacavam no horizonte... Toda a Natureza vibrava em tons de rara beleza nos sicômoros ao longo do desfiladeiro e nas espigas douradas que bailavam ao sabor do vento no vale de Macneh. O céu azul quase sem nuvens contrastava com a paisagem a seus pés, retratando a beleza daquele momento.[25]

Passando pela Samaria, Jesus sabia que estava atravessando uma terra proscrita aos judeus, onde várias raças e crenças generalizadas se agrupavam e rivalizavam com Jerusalém, desde a cisão que ocorrera vários séculos antes da chegada do Messias.

O objetivo de Jesus, porém, era ir ao encontro dos samaritanos. Fazer chegar até eles a palavra de Deus, procurar com seu amor romper as barreiras estabelecidas pelo preconceito, pela exclusão daqueles que ali viviam. Ele sabia dos obstáculos que iria enfrentar, mas prosseguia nos desígnios do Pai.

Na vida há momentos de escolha e decisões. Podemos escolher nossos caminhos e, muitas vezes, vivenciamos situações que nos desafiam com suas mudanças. Podemos escolher os mais amenos, os mais fáceis, que nos distanciam dos deveres e dos compromissos assumidos. Simplesmente podemos viver para nós mesmos segundo nossos interesses imediatos ou doar-nos, enfrentando dificuldades, lutas e dissabores no desempenho dos compromissos assumidos com o nosso próximo e com a nossa consciência ética. Essa escolha nos levaria a sair do egocentrismo, deixar de lado o personalismo, a omissão ante as lutas e decisões difíceis. Todos nós que já escolhemos o caminho do dever e da operosidade como seguidores de Jesus, sabemos das dificuldades, dos preconceitos, das dissensões e das críticas que iremos enfrentar. Teremos que estabelecer objetivos, planejar nossas ações no bem para sabermos o que oferecer e aonde desejamos chegar. Muitas dúvidas nos assaltam, são constan-

[25] Trecho adaptado do cap. *A mulher da Samaria*, p. 100, do livro *As primícias do reino*, de Divaldo P. Franco.

tes os apelos ao conformismo, ao desejo de tudo abandonar e cuidar apenas da própria vida... Mas uma voz no íntimo de cada um de nós incita-nos a prosseguir, a não esmorecer.

Quando, rompendo as limitações do egoísmo e da ociosidade, conseguimos sair ao encontro dos que necessitam de nosso apoio, de nossa colaboração, estamos caminhando, como Jesus demonstrou, deixando a suavidade da estrada que norteava o rio Jordão para galgar as ásperas veredas que o levariam até Samaria, para o encontro daqueles que se beneficiariam com sua presença amorosa e poderiam conhecer a verdade que promulgava entre os judeus.

Narra o evangelista que, enquanto seus discípulos foram até a cidade providenciar víveres e frutas, Jesus assentou-se junto ao "poço de Jacó", aquietando-se pensativo. Eis que surge a mulher samaritana, com o cântaro ao ombro e o rosto com sinais de múltiplas preocupações. Mergulha o vaso no poço, enchendo-o de água. Sente-se perturbada ante Jesus, que parece observá-la atentamente. Emoções desconhecidas aturdem seu espírito e quando se dispõe a retornar ao lar, ouve:

– Dá-me de beber!

Volta-se surpresa e vê-se tomada por antigos ressentimentos. Pensamentos afloram em sua mente e acha estranho que aquele homem lhe dirija a palavra, sabedora de que ninguém desconhece a regra social daquele povo: era proibido pela lei que se dirigisse a palavra, em público, à mulher, mesmo que fosse esposa, irmã ou filha.

– Como, sendo tu judeu, me pedes de beber a mim, que sou mulher samaritana?

Jesus conhece a rivalidade entre os dois povos – judeus e samaritanos, mas esta não seria a única vez que Ele enfrentaria preconceitos, derrubando-os e causando escândalos entre os que o ouviam. Jesus tinha um objetivo, uma mensagem a dar sem distinção de raças, de condições sociais ou convenções religiosas.

Por isso deixara propositalmente a estrada do Jordão e subira as serras que o levaria até Samaria.

O encontro fora premeditado e por meio dele Jesus daria ao mundo a lição inesquecível de como todos nós, filhos de Deus, poderíamos adorar ao Pai, em espírito e verdade:

"Deus é o Espírito, e importa que os que o adoram, o adorem em espírito e em verdade".

Segue depois o diálogo fraterno e esclarecedor, quando a mulher samaritana vai aos poucos se inteirando de que Jesus era o messias, o profeta. Os discípulos retornam e se admiram de que Jesus estivesse falando com uma mulher, mas nada disseram. Narra o evangelista que Jesus permaneceria dois dias ensinando àquele povo seu evangelho de amor.

No trabalho de atendimento fraterno em nossas casas espíritas, o encontro de Jesus com a samaritana demonstra em toda a sua amplitude como deveremos agir na proposta dessa tarefa assistencial. É um paradigma.

No encontro que se estabelece entre o assistido e o que se propõe a ajudar, analisando a passagem de Jesus, podemos tirar lições valiosas, embora simbólicas de todas as atitudes. Sentando-se no poço, Ele se coloca na posição do outro, cansado, pede ajuda, através da água que iria mitigar sua sede. Mesmo sendo o Mestre, já sabendo tudo que iria acontecer, coloca-se como necessitado, facilitando a aproximação com a mulher que está a seu lado. Quando nos dispomos a ajudar, temos que agir sempre assim. Temos que ser solidários com as necessidades do outro. Se nos colocarmos como iguais, facilitando o encontro, estaremos eliminando preconceitos, a barreira da superioridade e interagindo com aquele que procura ajuda.

O encontro de Jesus com a samaritana simboliza para todos nós cristãos a expressão do amor ilimitado quando estamos a serviço dele, seja no atendimento fraterno, no trabalho assistencial, na aplicação dos passes, principalmente em enfermos que, abatidos pelo sofrimento, não conseguem vislumbrar o valor da prece e do reconforto espiritual. Nosso trabalho deverá ser o do agente facilitador no resgate do aspecto espiritual, muitas vezes abalado pelo sofrimento; levar ao enfermo e a seus familiares a luz da esperança, o conforto da fé e o amor na doação maior como intermediário da ajuda espiritual.

Jesus que, no início do diálogo, era o necessitado, depois de reconhecido ("Vejo que és um profeta") se oferece como água viva que mata a sede. A samaritana percebe que a atitude de Jesus é um ato de amor.

Nos encontros de todos nós, ao longo da vida, somos defrontados por irmãos que necessitam ter alguém para falar de suas dores, de seus conflitos, de suas desilusões... Estaremos preparados para ouvir? Calar nosso mundo íntimo, para apenas escutar o que eles trazem para nós? É uma tarefa de amor e humildade que nos desafia em muitos encontros e desencontros no labor espírita ou mesmo em nossa vida familiar, em nosso trabalho... É tão difícil nos dias atuais encontrar alguém disposto a nos ouvir... Principalmente quando a alma sofre, e ao ouvi-la a compaixão se apodera de nosso íntimo, fazendo-nos sofrer também.

Quando assim nos aproximamos do outro, ajudando-o sem distanciá-lo de nosso amor, de nossa compreensão, somos realmente solidários.

Rompem-se as barreiras do preconceito, alargam-se os caminhos da fraternidade...

Conquistamos a paz.

Se nos dizemos seguidores do Cristo, aprendamos a amar com Ele.

"Os meus seguidores aprendem a ter alegria interior nos momentos difíceis e se acostumam ao prazer de servir em nome do amor. É nisto que reside a verdadeira união comigo."[26]

---

[26] FRANCO, Divaldo P. *Luz do mundo*. P. 140.

A GRATIDÃO

Poucas pessoas são agradecidas a Deus pelo muito que recebem nos caminhos da vida, por meio da ajuda providencial de terceiros, em situações difíceis nas quais o apoio fraterno lhe foi dispensado, pelo gesto de bondade quando não havia outra saída senão recorrer a alguém para dividir o ônus das obrigações ou suportar as dores superlativas que ensombravam seu viver... Poucos são gratos ou se recordam com generosidade dos que o serviram ou ajudaram em momentos difíceis, principalmente quando estes acontecimentos, recordados no presente, lhe trazem algum constrangimento que desejam esquecer.

Benfeitores espirituais, em diferentes exortações ao bem, nos dizem que a gratidão é "um apanágio de almas virtuosas, de almas nobres", como a nos indicar que é virtude rara em nossos dias. Existem pessoas que buscam apoio e ajuda fraterna nas crises e dificuldades materiais ou morais, vencendo as barreiras do orgulho; entretanto, depois de socorridas, nem se lembram dos que lhe serviram, como se estas presenças lhes fossem desagradáveis, incomodando-as ao recordar momentos de privações e de desespero. Outras, quando se acercam dos que lhe ajudaram, são generosas, gratas e transmitem vibrações de paz, carinho e reconhecimento. É, portanto, bem diverso o comportamento das pessoas, quando se trata de sentir gratidão ou reconhecer quanto foram ajudadas no passado.

E nós, como nos portamos quando encontramos amigos ou conhecidos do passado, que nos socorreram em instantes de dores e privações?

Somos realmente gratos? Como procedemos ao reencontrar aqueles que nos ajudaram?

Parece um questionamento simples, não é? Mas procurem analisar seu comportamento em momentos assim. Recorde há quanto tempo você não envia notícias ou um cartão de aniversário ou Natal, uma carta ou telefonema para amigos distantes, parentes ou conhecidos que em determinada ocasião foram providenciais em seu caminho.

Você por acaso ora por eles? Recorda-se deles com gratidão?

Se sua resposta for positiva, você está muito bem consigo mesmo e é portador desta virtude tão rara que se chama gratidão. Caso contrário, é orgulhoso e não possui a humildade de reconhecer que um dia eles lhe foram úteis e merecem seu respeito e reconhecimento.

Sentimentos como justiça, benevolência, gratidão são inerentes à natureza humana, mas ainda não sabemos desenvolvê-los quando os instintos atávicos nos prendem a automatismos egoístas e defensivos.

A ingratidão é característica de almas enfermas que não se sentem seguras nem estão satisfeitas com as situações criadas por elas mesmas e manifestam sua insatisfação em atitudes egoísticas e dissimuladas.

Joanna de Ângelis nos diz que o ingrato

> olvidando-se rapidamente do bem que lhe foi dispensado, silencia-o, mesmo quando não pensa que o recebido não passou de um dever para com ele, insuficiente para o seu grau de importância. A ingratidão é chaga moral purulenta no indivíduo, que debilita o organismo social onde se encontra. Assim, os ingratos são numerosos, sempre soberbos, e autossuficientes, em dependência mórbida, porém, dos sacrifícios dos outros?[27]
>
> Desconfiados, neurotizam-se; arbitrários, são desamados; soberbos, passam ignorados.[28]

Fechando os comentários em torno da ingratidão, a benfeitora espiritual nos aconselha a não nos preocupar com os ingratos em nossos caminhos de amor. Certamente, um dia, reconhecerão o que receberam da vida e serão gratos a Deus pela beleza de terem sido abençoados com gestos de bondade e de ternura.

Quem sabe, ao recordar este passado, despertará em seu íntimo a chama da esperança e do perdão, passando a recapitular a generosidade com que um dia alguém os sustentou em momentos de dor e desencanto?

Nunca devemos nos arrepender de sermos úteis e externarmos a bondade que já possuímos em atitudes de amparo e

---

[27] FRANCO, Divaldo P. *Jesus e atualidade*. P. 108.
[28] Id., ib., p. 110.

socorro aos que sofrem. É preciso fazer o bem sem esperar reconhecimento ou gratidão, aguardando o momento em que a vida nos trará de retorno nossos gestos de amor!

Conta-nos Amélia Rodrigues que *na fronteira entre a Samaria e o distrito sul da Galiléia, Jesus adentrou-se em pequena aldeia, seguido pelos companheiros, para uma pausa de refazimento... Logo que aí chegara, ouviu um apelo*:

> – Jesus, Mestre, tem piedade de nós, cura-nos! (*Lucas*, 17:11 a 19.)
>
> Ele olhou na direção da súplica cuja voz se alteara e se deteve fitando aqueles destroços humanos... Apresentavam as feições desfeitas, os olhos inchados e lacrimosos, as mãos estendidas... Eram dez leprosos. Esta não seria a primeira vez que defrontava as chagas dos pedintes e lavava suas misérias expostas. Ele sabia que a morfeia de fora provinha das regiões recônditas do espírito. (...) A lepra, desde tempos imemoriais, era a doença mais temida entre todas. Viviam isolados e somente Deus poderia fazer-lhes algo (...).
>
> Por isso haviam rogado a Jesus, aguardando que Ele fosse enviado de Deus.
>
> – Que quereis que vos faça? – indagou Jesus.
>
> – Que sejamos curados, se quiseres!
>
> Um olhar de infinita compaixão lhe iluminou a face, levemente pálida, suavemente triste.
>
> – Quero! – Uma palavra apenas e o dia exultante de luz e calor, o ar perpassando, o céu azul, indecifrável espiando.
>
> – Ide mostrar-vos aos sacerdotes, para que eles reconheçam que reentrais na vida... – O bando em desalinho corre, grita e se distancia na estrada...

Tristeza poderosa tolda o rosto do Rabi e seus lábios se quedam selados.

Os dez leprosos em caminho ficaram limpos. Um deles, vendo-se curado, voltou para agradecer a Jesus.

– Rabi, venho louvar-te. Que devo fazer?

– O que recomenda a Lei? Segue-lhe as disposições e cumpre os ritos e impositivos para que te deem carta de cura e de reingresso na saúde.

O estranho, comovido, de joelhos, chora.

Jesus indaga:

– Não foram dez os curados? Por que este samaritano, tido como estrangeiro, somente ele veio agradecer?

Ninguém respondeu.

– Levanta-te e vai: a tua fé te salvou.[29]

Amélia Rodrigues comenta que pelo semblante triste de Jesus desfilaram os ignorados leprosos da alma: aqueles que ocultam nas vestes externas os abismos do coração, os intranquilos, os sórdidos, os atormentados, os ingratos. E Jesus, fitando a paisagem triste, ressequida, sem vegetação, naquela aldeia humilde, de gente tão sofredora, chamou os amigos e partiu na direção de Jerusalém...

Não foram dez os curados? E apenas um voltou com o coração pleno de alegria, de gratidão. E este foi realmente curado!...

---

[29] FRANCO, Divaldo P. *Luz do mundo.* P. 118 a 121.

A GRANDE VIAGEM

"O homem é aquilo que pensa no seu coração."
(PROVÉRBIOS, 7)

Quando sofremos a dor da separação de entes queridos que nos antecederam ao mundo espiritual, ficamos pensando nos acontecimentos que ocorreram ao longo do processo desencarnatório, tão diversificado e tão pouco compreendido por muitos, no valor do conhecimento espírita que nos dá suporte para atravessar momentos difíceis e irreversíveis ante a inevitável certeza da morte física.

Compreendemos que a morte após uma longa enfermidade, quando suportada com resignação e serenidade íntima, possibilita uma desencarnação mais fácil, e o rompimento dos laços que nos prendem à matéria vão se diluindo no processo de enfraquecimento físico e debilidade orgânica. Felizes os que conseguem morrer e logo libertar-se; entretanto, não é o que ocorre normalmente.

Todos os homens deveriam refletir mais intensamente acerca do morrer e do viver para que, enquanto na terra, fossem se preparando efetivamente para uma desencarnação mais tranquila, seguida da libertação dos laços que o retêm à matéria densa e na conquista da paz nesta nova dimensão de vida que aguarda a todos nós. Aprendemos a morrer enquanto vivemos na Terra, e este aprendizado requer desprendimento, renúncia e abnegação. Ao longo da vida podemos exercitar o perdão, a compreensão, o desapego às coisas e pessoas, a renovação e educação dos sentimentos, direcionando o pensamento para atitudes altruístas e enobrecedoras. Este aprendizado nos facultará um morrer mais tranquilo e uma libertação mais consoante com nossos desejos e aspirações.

Das experiências vividas, costumo relatar, à luz da Doutrina Espírita, alguns fatos que levariam aos meus leitores um pouco de compreensão e de conforto quando estivessem em situações idênticas ou vivenciassem momentos semelhantes. Não como amostra de virtudes que não possuo, mas enaltecendo o valor do conhecimento espírita e da ajuda espiritual que recebemos em situações de difícil travessia.

Quando permanecemos durante três meses no hospital, acompanhando meu marido em sua enfermidade, na fase terminal, tivemos oportunidade de receber o apoio dos amigos, médicos, familiares e companheiros das lides espíritas, que suavizavam as dores e os momentos de solidão. Mas foi na constante assistência espiritual dos benfeitores e familiares já desencarnados que as forças chegavam de forma acentuada para mitigar a dor e suavizar a angústia da separação. Consegui manter a serenidade íntima e ajudar meu companheiro que, aos poucos, ia se desligando da vida física. Isso conforta meu coração, apesar da saudade e da falta que sentimos de sua companhia nos hábitos da vida diária, nos encontros familiares, do relacionamento estável ao longo de cinquenta anos que permanecemos juntos.

A morte é um fenômeno biológico natural e a desencarnação, aprendemos com os amigos espirituais, é um processo mais lento e irá depender do estado moral e do desapego material, variando de indivíduo para indivíduo. Diz-nos Manoel Philomeno de Miranda que

> o sofrimento resignado tem papel relevante, porque faculta a superação dos condicionamentos... em outros casos, a desencarnação se inicia mesmo durante a vida física, através das atitudes idealistas, missionárias, em que a abnegação, a renúncia, o sacrifício e o amor em dimensões mais amplas sutilizam o peso específico da organização material, transformando as correntes de energia que transitam do ser espiritual para o corpo e vice-versa, agindo nos implementos orgânicos de forma menos densa.[30]

Há uma conceituação geral, principalmente para quem não é espírita, de que nós não sofremos quando nos vemos separados fisicamente dos que amamos, como se tivéssemos a obrigação de suportar sem dores ou saudades a partida de um ente querido para o mundo espiritual. Ou que sofremos menos. Talvez seja verdadeira, em parte, esta crença, porque sabemos que a resignação e a certeza da vida futura nos leva a compreender a situação de quem partiu e a necessidade de nos mantermos equilibrados e confiantes por meio da fé e da compreensão das Leis Divinas. Choramos de saudade, buscamos recordar os mo-

---

[30] FRANCO, Divaldo P. *Temas da vida e da morte*. P. 80.

mentos felizes da vida que passamos juntos e vamos, aos poucos, nos readaptando, reorganizando nossas rotinas diárias e abraçando as tarefas espíritas que nos levam mais rapidamente a suportar a solidão e a ausência do ente querido que partiu antes de nós.

Muitas vezes, conversávamos a respeito da vida além da morte, sem grande aprofundamento, porque meu companheiro não era espírita, mas era habitual nossa preparação para esta fase em que um iria antes do outro, e ele costumava dizer: "*são tantos amigos que nos esperam, acho mesmo que a maioria, e não terei dificuldade em me adaptar...*". Depois enumerava alguns companheiros e comentava sobre algum fato agradável que este amigo vivenciara conosco.

É, realmente, uma grande viagem e um de nós teria que partir primeiro.

Não há o que lamentar porque foram anos de intensa cumplicidade, de muito amor, em que juntos organizamos uma família, construímos valores na área profissional, conquistamos amigos generosos e nos sentimos confortados pela certeza do reencontro que será determinado segundo a programação de vida de cada um de nós.

O pensamento modela nossa vida, nosso ser e, se direcionado para o bem, para o belo, adorna nossa vida e acalma nosso coração ante os desafios da existência.

Os recursos espíritas, a prece, a meditação que nos faculta o encontro com nosso mundo íntimo vão nos alimentando de forças e coragem para prosseguir até o dia em que estaremos prontos para o embarque nesta grande viagem de retorno ao lar espiritual.

Agradeço a Deus todos os dias a bênção do conhecimento espírita que me sustenta e direciona meus passos pelos caminhos da vida.

Você é consciente?

Se consultarmos o dicionário, encontraremos a conceituação de consciência como um atributo pelo qual o homem pode conhecer e julgar sua própria realidade; estabelecer julgamentos morais dos atos realizados; noção ou conhecimento que se estabelece por meio de análise.

Sob o aspecto moral conquistamos a conscientização dos objetivos reais da existência quando logramos discernir com equilíbrio e serenidade o certo do errado, o bem do mal em momentos de decisão e ante os desafios da vida.

A conquista da consciência é inerente ao progresso espiritual do ser, não depende do grau de cultura ou intelectualidade, nem mesmo de posição social.

No livro *Momentos de consciência*, Joanna de Ângelis relata o exemplo do especialista em problemas respiratórios que, mesmo sabendo da gravidade do mal causado pelo tabagismo, continua a fumar, demonstrando que não adquiriu, ainda, a consciência do problema, mesmo sendo tão bem informado sobre o assunto. O mesmo acontece com a pessoa que permite o crime do aborto

> sob falsos argumentos legais ou de direitos que se faculta, assim como todos aqueles que o estimulam ou o executam, incidem na mesma ausência de consciência, comportando-se sob a ação do instinto, e, às vezes, da astúcia, da acomodação, mascaradas de inteligência.[31]

A consciência ética é fruto da moralização do ser, independentemente do grau de instrução ou de sua formação religiosa. No Evangelho de Jesus, principalmente no sermão da montanha, encontramos um roteiro moral adequado à nossa evolução, desde que o saibamos sentir e vivenciar em nossos atos diários. Entretanto, poucos o assimilam e poucos o seguem...

Allan Kardec, na questão 621 de *O Livro dos Espíritos*, indaga: "Onde está escrita a Lei de Deus?" E os Espíritos superiores respondem: "Na consciência".

Cada um de nós elege para si o código moral de acordo com o estágio de evolução já conquistado. Somos responsáveis pelos nossos atos, com agravantes morais se já estamos conscientes do mal ou do bem, das consequências advindas do que praticamos.

Com maior facilidade julgamos nosso próximo e esquecemos de analisar nossa conduta, buscando os atalhos do comodismo, da

---

[31] FRANCO, Divaldo P. *Momentos de consciência*. P. 15.

conveniência e das vantagens materiais, esquecidos da responsabilidade ante o futuro que nos aguarda.

Se estamos em processo de reajuste ante as Leis Divinas, por meio das dores morais, dos sofrimentos físicos, das perdas e do abandono, busquemos o equilíbrio e a serenidade íntima na prece, aquietando nossas emoções para podermos analisar nossa vida e como proceder para minorar a difícil situação que vivenciamos.

Se a consciência encontrar a paz, sofreremos menos.

Muitas pessoas que desconhecem a lei da reencarnação, quando acometidas de enfermidades graves ou sofrimentos intensos, indagam de que valem as dores e as perdas morais se não têm consciência de terem ferido ou maltratado alguém nesta vida. Se falamos em lei de causa e efeito, argumentam por que sofrer se não nos lembramos das causas anteriores que motivaram o que passamos hoje.

Esclarecendo mais amplamente o assunto, não podemos considerar o sofrimento, apenas, sob o aspecto da punição. Deus não castiga, nós é que nos rebelamos contra as Leis Divinas e sofremos as consequências de nossos desaires e desatinos. O mais importante é a função educativa do sofrimento, que desperta em nós a consciência moral para não infringirmos a Lei Natural ou Divina.

Léon Denis, em sua magistral obra *O problema do ser, do destino e da dor*, esclarece-nos à respeito:

> Tudo o que vive neste mundo, natureza, animal, homem, sofre e, todavia, o amor é a lei do Universo e por amor foi que Deus formou os seres. [...]
>
> Fundamentalmente considerada, a dor é uma lei de equilíbrio e educação. Sem dúvida, as falhas do passado recaem so-

bre nós com todo o seu peso e determinam as condições de nosso destino.[32]

O filósofo espírita tece, em torno do assunto, comentários claros e objetivos enfocando, de conformidade com Allan Kardec, a participação consciente do Espírito na escolha das provas por que deverá passar, quando no uso de seu livre-arbítrio delineia o seu futuro e a programação de vida para seu retorno à vida corporal. Como nem todos os Espíritos se encontram em condições de escolher livremente as situações aflitivas pelas quais deverá passar aqui na Terra, as leis morais serão observadas segundo o grau de necessidade de cada um, de expiação ou resgate dos erros perpetrados, sob a orientação dos Espíritos encarregados de seu retorno ao corpo físico.

A Justiça Divina se expressa concedendo ao Espírito, em vidas sucessivas, as oportunidades de progresso espiritual, desde que se arrependa e possa, retornando à Terra, se reabilitar ante sua própria consciência reparando o mal e construindo o bem, nos limites de sua condição moral.

Quando na Terra, inserido no meio social e familiar que lhe ajude a resgatar os erros do passado, o Espírito guardará uma consciência velada, uma intuição dos procedimentos que deverá ter, o que de certa forma o ajudará no processo reencarnatório aceitando mais pacientemente o sofrimento, exercitando a humildade antes os desígnios de Deus.

Muitas vezes, indagamos: "Como o fulano suporta tanta dor, sem reclamar?". A resposta é simples: Ele sabe, no recôndito de sua consciência, que está reparando, consertando o que lesou

[32] DENIS, Léon. *O problema do ser, do destino e da dor.* Cap. XXVI.

no passado, junto àquele que está mais próximo de si, na família ou na comunidade em que vive.

E Léon Denis nos afirma:

> É principalmente na consciência, bem o sabemos, que está a sanção do bem e do mal. Ela registra minuciosamente todos os nossos atos, e, mais cedo ou mais tarde, erige-se em juiz severo para o culpado que, em consequência de sua evolução, acaba sempre por lhe ouvir a voz e sofrer as sentenças.[33]

Em razão de nossa própria consciência, vamos descortinando nossas possibilidades de vencer as dificuldades e remover as pedras do caminho, aumentando nosso discernimento por meio da compreensão, do estudo e das reflexões em torno da vida.

> Assim, nunca te entregues à desesperança, ao abandono. Não és uma pedra solta no leito do rio do destino, a rolar incessantemente. Tens uma meta, que te aguarda e que alcançarás. Penetra-te, mediante a reflexão e descobre as tuas incalculáveis possibilidades de realização. [...] Tudo podes, se quiseres. Tudo lograrás, se dispuseres.[34]

---

[33] Id., ib., cap. XXVI.

[34] FRANCO, Divaldo P. *Momentos de consciência*. P. 75 e 76.

Leis do equilíbrio

Segundo o pensamento de Joanna de Ângelis, no processo evolutivo do ser humano, é indispensável o amadurecimento moral responsável pela superação dos instintos, das sensações grosseiras e dos desejos egoísticos. É todo um amplo desenvolvimento que se inicia no íntimo de cada um de nós buscando o amadurecimento afetivo e mental. Ambos são conquistados através da emoção equilibrada e do conhecimento que nos leva à compreensão dos valores existenciais. Este patamar, em seu processo de crescimento moral, leva o ser a ampliar a visão do mundo que o cerca e suas perspectivas espirituais.

Quando estamos em desequilíbrio na área da emotividade, nosso pensamento é desordenado e foge aos princípios que já havíamos estabelecido para nossas vidas. Já o pensamento ordenado é ampliado pelo discernimento e pelo senso moral, o que nos leva a uma compreensão maior dos reais objetivos de nossa existência.

É muito importante essa compreensão quando sofremos. A Doutrina Espírita nos oferece recursos insofismáveis para a conquista destes valores. Com o conhecimento espírita a respeito do viver e do sentir, o amadurecimento apoiado no código da Lei Divina e a compreensão de nosso destino, agimos com maior segurança em nossa caminhada na busca do aperfeiçoamento moral.

Assim, vamos adquirindo a maturidade moral gradativa, sedimentada no amor que nos leva a respeitar os direitos alheios, agindo com o próximo como desejamos que aja conosco. Essa maturidade moral é, portanto, a chave de nossa libertação espiritual, liberando-nos dos efeitos coercitivos da hipocrisia, do egoísmo, da vaidade e do orgulho. Nosso pensamento se ajusta à lei moral que direciona nossa vida.

Allan Kardec, analisando a justiça fundamentada sobre a Lei Natural, na questão 876, de *O Livro dos Espíritos*, recebe dos Espíritos superiores a seguinte instrução:

> Disse o Cristo: *Queira cada um para os outros o que quereria para si mesmo.* No coração do homem imprimiu Deus a regra da verdadeira justiça, fazendo que cada um deseje ver respeitados os seus direitos. Na incerteza de como deva proceder com o seu semelhante, em dada circunstância, trate o homem de saber como quereria que com ele procedessem, em circunstância idêntica. Guia mais seguro do que a própria consciência não lhe podia Deus haver dado.[35]

[35] KARDEC, Allan. *O Livro dos Espíritos*.

Existem, segundo Joanna de Ângelis dois sensos morais:

> O convencional – que é o aceito, oportunista, amoral ou imoral – porque imposto pelas conveniências de cada época, civilização e cultura – e o verdadeiro – que supera os limites ocasionais e sobressai legítimo em todas as épocas, qual aquele estatuído no Decálogo e no Sermão da Montanha.[36]

No princípio da história da Humanidade, encontramos Moisés recebendo o Decálogo, Primeira Revelação da Lei Divina, que regulamenta o comportamento ético de várias civilizações. Insuperável em sua autoridade moral, Jesus, com a Segunda Revelação posteriormente, quando a Humanidade já estava mais preparada para receber sua mensagem, legou para todos os tempos o Sermão da Montanha – código moral que estabelece o amor como fundamento de toda a lei na busca do equilíbrio e da evolução humana.

O homem moderno, tentando superar seus instintos e suas emoções desordenadas, busca a maturidade social – viver em harmonia com seu grupo. Quando consegue este desiderato, ele se torna mais compreensivo, conciliador e age como um líder natural. Vive pacificamente e proporciona alegria de viver a todos os que estão a seu lado.

Joanna de Ângelis coloca o ser psicológico como aquele que já superou as diversas etapas vivenciais em seu processo evolutivo. Ele passa a ser útil socialmente, apto a uma vida saudável e produtiva no bem. Ela assim se expressa:

---

[36] FRANCO, Divaldo P. *O ser consciente*. P. 27.

"O homem maduro psicologicamente vive a amplidão infinita das aspirações do bem, do belo, do verdadeiro e, esvaído do ego, atinge o superego, tornando-se homem integral, ideal, no rumo do infinito".[37]

Assim, em sua trajetória de evolução, caminhando rumo à perfeição moral, o homem enfrentará todas as lutas e obstáculos com o objetivo maior que o anima a superar o egoísmo, os vícios morais e o orgulho, movendo-se com liberdade, mas optando pelo idealismo superior direcionado pelo amor.

Na estruturação deste crescimento, a educação moral é a viga mestra que o sustentará em todos os momentos de dificuldades, dando-lhe subsídios para vencer os desafios do caminho.

Allan Kardec enfatiza, em diversos escritos de sua autoria, a necessidade desta educação na moldagem dos caracteres do ser humano. Na questão 685-a de *O Livro dos Espíritos* comenta, ao analisar o aspecto social da velhice desamparada, que a ciência econômica não encontrará o equilíbrio entre produção e consumo, que tanto almeja, enquanto não seguir as leis morais, e enfatiza:

> Há um elemento, que não se costuma fazer pesar na balança e sem o qual a ciência econômica não passa de simples teoria. Esse elemento é a *educação*, não a *educação* intelectual, mas a educação moral. Não nos referimos, porém, à educação moral pelos livros, e sim à que consiste na *arte de formar caracteres*, à que incute *hábitos, porquanto a educação é o conjunto de hábitos adquiridos*. [...] [38]

[37] Id., Ib., p. 28.
[38] KARDEC, Allan. *O Livro dos Espíritos*.

Nos momentos atuais, em que impera a desordem econômica e social, não encontraremos as leis do equilíbrio, buscando apenas as soluções técnicas e aquelas ditadas pelos economistas e cientistas sociais amparados pelas teorias de grandes financistas do mundo moderno. Estamos todos inseridos no mesmo processo. Sofrendo as mesmas consequências morais da miséria social, do oportunismo econômico e das lapidações dos bens de consumo. Cada um de nós poderá agir com discernimento e ajudar na solução de tantos problemas, desde que façamos a nossa parte, cultivando hábitos saudáveis de ordem e previdência, além de integrar no meio social em que vivemos, contribuindo com nossa parcela de honestidade e bom senso.

Muitos dirão que é utopia. Uns poucos idealistas não alterarão este estado de coisas, nem o caos econômico em que vivemos!... Poderemos, porém, argumentar que cada um de nós deverá agir com os ditames de sua consciência, e a união destes ideais fará com que novos adeptos se juntem a nós na busca da paz, da segurança e da ordem social. A educação moral é a solução a longo prazo para recuperar as gerações que estão chegando ao nosso planeta para que a renovação de seus habitantes se faça como nos instruem os benfeitores espirituais.

A violência urbana, a miséria moral e social, os desmandos políticos e todas as perturbações que atingem nossa sociedade serão contidas por intemédio desta educação.

Segundo Allan Kardec:

“A desordem e a imprevidência são duas chagas que somente uma educação bem entendida pode curar. Esse o ponto de partida, o elemento real do bem-estar, o penhor da segurança de todos."[39]

Esses comentários feitos pelo mestre Allan Kardec acerca do problema social dos idosos e desempregados servem para nossos dias e se enquadram na preocupação que todos os homens de bom senso têm sobre a solução dos problemas sociais que nos afligem. Todos sabemos que somente a educação, em seu sentido mais amplo, solucionará as dificuldades que ora enfrentamos. Entretanto, poucos estão empenhados em usá-la como profilaxia dos graves transtornos que a crise econômica nos traz, carreando os conflitos sociais, a violência e a desordem para nossa sociedade. Há uma excessiva preocupação com os problemas econômicos e financeiros em todo o mundo, colocando em segundo plano os problemas sociais e educacionais, quando a solução dos primeiros depende do aprimoramento intelectual e moral de todos os seres, para que possamos extirpar em definitivo de nosso planeta o egoísmo e o orgulho – entraves a esta conquista maior em nosso evolução espiritual.

Finalizando os comentários a respeito de nossos problemas sociais, vamos refletir sob a luz do Evangelho de Jesus, nas palavras de Emmanuel quando nos alerta que:

> Triunfarás na realização dos elevados propósitos que te animem; entretanto, triunfarás para estender as mãos aos vencidos a fim de que se refaçam e venham igualmente lidar na edificação do bem de todos; disporás de recursos que te garantam abastança e reconforto, no entanto, saberás dividi-los com os irmãos da retaguarda, ainda incapazes de competir no campo da

---

[39] KARDEC, Allan. *O Livro dos Espíritos*. Questão 685-a.

inteligência, na conquista das vantagens que já consegues usufruir; premiar-te-ás com os tesouros da cultura, todavia, saberás descer da torre do conhecimento a que te guindaste, de modo a ensinar o caminho da luz aos que bracejam nas sombras da ignorância; instalarás a alegria na própria alma, no entanto, acenderás a esperança no coração dos infelizes que te compartilham a marcha.[40]

---

[40] XAVIER, Francisco C. *Amigo*. P. 25 e 26.

SEMEANDO ESPERANÇAS

Nas horas de solidão, quando em silêncio contemplamos a Natureza que nos envolve, sentimos mais intensamente a beleza imensurável da vida. Observo, enlevada, as flores caindo em cachos coloridos da acácia cor-de-rosa que juntos plantamos numa distante tarde de setembro... Éramos jovens, sonhadores com tantos planos para o futuro. Muitas vezes nossos sonhos divergiam, mas sabíamos sempre encontrar um ponto de ligação para podermos continuar nossa caminhada lado a lado. Gostávamos de plantar árvores. Não nos preocupava se iríamos viver para assistir a seu crescimento, se elas iriam florir ou dar frutos para nós. Nós já compreendíamos o valor da generosidade e, mesmo não podendo desfrutar do que semeávamos, não deixávamos de prosseguir com nossos sonhos semeando flores, cultivando árvores no contato benfazejo da Natureza.

Felizmente tivemos a oportunidade de assistir à floração de muitas árvores que juntos semeamos em nossa vida.

Seguramente foi isso que aconteceu com tudo o que realizamos ao longo do caminho. Algumas árvores morreram precocemente, muitas obras ficaram inacabadas... Motivos alheios a nossa vontade desviaram muitas rotas que delineamos em tudo o que buscávamos realizar. Mesmo assim, nunca desanimamos e prosseguimos semeando gestos de amor, de solidariedade, de compaixão. Algumas vezes fomos incompreendidos e tivemos muitos desafios e lutas para conseguir vencer os obstáculos. Mas algo maior nos sustentava e prosseguíamos confiantes e esperançosos.

Diz-nos Léon Denis, em sua magistral obra *O problema do ser, do destino e da dor*, cap. VIII, que "as menores particularidades da nossa vida registram-se em nós e deixam traços indeléveis. Pensamentos, desejos, paixões, atos bons ou maus, tudo se fixa, tudo se grava em nós".[41]

Nossa memória seletiva os vai evocando a cada cena atual, na presença de algo que nos faz relembrar o fato ou a pessoa, levando-nos a reflexões e pensamentos gerados por energias positivas ou negativas seguindo as particularidades da emoção ou sentimento que chegam por estas lembranças. É rico o acervo de nossas recordações. Poderão ser agradáveis ou nefastas. Tudo dependerá do que semeamos...

É muito bom recordar fatos e pessoas que dão origem a sentimentos de gratidão, de ternura, de generosidade. Todos nós tivemos pessoas assim em nossa vidas. Talvez, na ocasião em que as tivemos conosco, ainda não sabíamos o valor destas presenças. Mas, ao evocá-las, compreendemos quanto marcaram nossas mentes com seus gestos de amor e devotamento.

---

[41] DENIS, Léon. *O problema do ser, do destino e da dor.*

Quando sofremos perdas ou limitações impostas por enfermidades, se estamos em paz interiormente, sustentados pela fé em Deus e conhecedores de suas sábias leis, não nos entregamos ao desespero, o que agrava ainda mais a dor que nos aflige. Buscamos na prece, na meditação, a sustentação necessária para prosseguir vivendo.

Os recursos espíritas nos oferecem toda a estrutura para novas experiências e o apoio necessário para não nos descurarmos dos deveres de cada dia, nem das tarefas daqueles que estão a nosso lado, muitas vezes sofrendo mais e precisando de esclarecimentos e reconforto espiritual.

Colhemos hoje o que semeamos no passado. É necessário prosseguir semeando a esperança, o amor e, nos gestos de apoio aos que sofrem, encontrar novas motivações para viver.

A dor tem a magia de tocar as fibras mais sensíveis de nossa alma. Sua função educativa é acrescida deste poder sublime – nos conduzir com maior intensidade sob o toque da sensibilidade – fazendo que nos tornemos mais receptivos ao amor, ao perdão, à compreensão e passemos a valorizar cada momento, cada palavra, cada gesto de carinho e apoio que nos chega ao coração.

A beleza das flores, o barulho da chuva que cai mansamente molhando a terra ressequida, o cheiro do capim em torno da estrada... É possível sentir a beleza da Natureza mesmo em momentos de dor e infortúnio.

Quantas vezes nosso coração está apertado e dorido ante a ausência de um algum afeto que partiu antes de nós. As lágrimas descem pelo rosto lavando-nos as emoções e mitigando a dor... Muitas vezes, em momentos assim, somos procurados por alguém que sofre, chora suas mágoas e busca o conforto ao nosso lado... Sufocamos nossa dor para ouvir o que o amigo tem a nos dizer e buscamos palavras que o conforte, levando-o a acender a luz da esperança em seu coração. Depois ele se vai e a nossa dor parece ser menos intensa. Um doce refrigério nos invade e buscamos na prece a força para seguir nosso caminho.

Se você, meu irmão, está sofrendo, não perca a esperança de dias mais calmos e serenos. Olhe em torno de você. Veja como a Natureza é pródiga em bênçãos que suavizam seu viver. Seja grato a Deus e prossiga. Mãos amigas irão sustentá-lo e logo surgirá o amanhã pleno de vida e esperanças. A cada amanhecer o sol brilha com a mesma intensidade, nossos sentidos físicos é que não conseguem perceber sua radiação intensa. Entretanto, é a mesma força a sustentar a vida. É preciso buscar na beleza que esplende a seu lado a coragem de seguir sempre em frente.

Joanna de Ângelis nos diz que, se confiamos nas Leis Divinas, as dores mais acerbas e os desafios mais perturbadores tornam-se menores do que podem parecer. E esclarece:

> [...] a cada lance vencido alcanças um patamar de maior elevação do que o anterior. Esse processo deflui do sofrimento bem aceito ou do amor vivenciado com abnegação. Duas vertentes, portanto, para a felicidade são: a dor que regenera, liberando do caos em que cada um se atirou, e o amor que santifica, alçando a emoções libertadoras.[42]

Nestas reflexões, as emoções me invadem quando estou a recordar os que amo e não estão a meu lado, desejando retornar

---

[42] FRANCO, Divaldo P. *Libertação pelo amor.* Cap. 5, p. 42.

no tempo e leio as palavras do poeta que neste momento repetirei para você:

> Você apreciaria medir o infinito e o incomensurável tempo.
> Gostaria de ajustar sua conduta e posicionar seu espírito no mesmo curso das horas e estações. Do tempo faria um riacho e se sentaria na margem para observá-lo fluir. Ainda assim, o que em você foge ao tempo está ciente da eternidade da vida.
> E sabe que o ontem nada mais é do que a recordação do hoje e que o amanhã é o sonho de hoje. Aquilo que em você canta e contempla ainda vive dentro daquele primeiro momento em que as estrelas foram semeadas no espaço. (Khalil Gibran, *O Profeta*, Madras, 2003.)[43]

Semeie você também as flores da esperança em outros corações e sentirá em sua alma o perfume do amor a suavizar seu caminho.

[43] CAMPBELL, Eileen. *Tempo de viver*. P. 23.

Paixões perturbadoras

"Tudo o que se eleva para a luz eleva-se para a liberdade. Esta se expande plena e inteira na vida superior."[44]

A busca da felicidade é a grande meta do homem.

Todos os prazeres do mundo são regulados por leis morais que estabelecem limites em função das reais necessidades humanas e dos anseios de nossa alma. Transgredir estes limites é buscar nos excessos das paixões e das perturbações inferiores o sofrimento e a dor.

Portanto, somente somos felizes quando agimos coerentes com a Lei Divina ou Natural. Se a infringimos, sofremos as consequências de nossos atos.

Somos livres para escolher nossos destinos. Fomos criados simples e ignorantes das leis que regem os mundos, e cresce

---

[44] DENIS, Léon. *O problema do ser, do destino e da dor*. Cap. XXII.

nossa responsabilidade de escolha à medida que adquirimos o conhecimento e a liberdade.

> O Espírito só está verdadeiramente preparado para a liberdade no dia em que as leis universais, que lhe são externas, se tornem internas e conscientes pelo próprio fato de sua evolução. No dia em que ele se penetrar da lei e fizer dela a norma de suas ações, terá atingido o ponto moral em que o homem se possui, domina e governa a si mesmo.[45]

Ao atingir este estágio, seu senso moral indica o que lhe convém e seu nível ético estabelece o que deve ou não fazer, como seguir sua vida sem prejudicar o próximo, suas tendências inferiores poderão ser controladas e vencidas, se ele assim o desejar...

O termo paixão não deve ser usado apenas de forma pejorativa, como falta ou atitude perturbadora da ordem moral ou social. Genericamente, paixão é um sentimento excessivo por um ideal, objeto material ou alguém. Alguns a denominam, quando em excesso, como amor desequilibrado, afeição intensa com características de parcialidade e exclusivismo. Como todo excesso é prejudicial, foge à linha da normalidade, temos que analisar mais amplamente porque tantos sucumbem ao seu domínio. Neste ponto a paixão se torna viciosa e denota inferioridade moral.

Allan Kardec, em *O Livro dos Espíritos*, capítulo XII da terceira parte, a partir da questão 907, faz uma abordagem muito importante acerca deste assunto, que passaremos a analisar a seguir.

---

[45] Id., ib.

Esclarece, inicialmente, que a paixão em si mesma não é um mal. A paixão está no excesso provocado pela vontade, pois o "*princípio da paixão*" – aqui significando "*amor intenso por*" – foi dado ao homem para o bem, e as paixões podem conduzi-lo a grandes realizações.

Na questão 908, indaga:

> Como definir o limite em que as paixões deixam de ser boas para se tornarem más?
>
> As paixões são como um cavalo, que só tem utilidade quando é governado e que se torna perigoso quando passa a governar. Reconhecei, pois, que uma paixão se torna perniciosa a partir do momento em que não mais conseguis dominá-la, resultando num prejuízo qualquer para vós mesmos ou para outros.[46]

Com este pensamento, podemos dizer que as paixões, quando bem direcionadas, são propulsoras do progresso e ajudam a lei de evolução. Portanto, devemos dominá-las e não permitir que elas nos dominem.

As paixões têm um princípio na natureza do ser, não sendo um mal, segundo a visão espírita, porque impulsiona o ser humano a desenvolver em si mesmo a busca do bem, sendo uma das condições providenciais de nossa existência.

Em nosso estágio evolutivo, se nos deixarmos arrastar pelos excessos, seremos levados ao desequilíbrio com sérios comprometimentos, tornando-nos egoístas e derrapando para as paixões inferiores, com atitudes perturbadoras da paz e do amor.

---

[46] KARDEC, Allan. *O Livro dos Espíritos*. Tradução de Evandro N. Bezerra. 3. ed. comemorativa do sesquicentenário. Rio de Janeiro (RJ): FEB, 2007.

No processo de evolução, o amor é o antídoto do mal que ainda vige em muitos corações. Sendo de procedência divina, o amor, e somente ele, poderá iluminar nossas mentes, livrando-nos das atitudes impensadas e conflitantes, apagando de nosso íntimo a sombra que ainda persiste escurecendo nossos anseios de crescimento e nos impede de buscar a ascensão espiritual.

> Esse processo encerra toda a saga da autoconquista de cada ser que deve transformar impulsos em sentimentos, atavismos em atividades lúcidas, heranças dominadoras em aquisições plenas, instintos arraigados em emoções harmônicas, hábitos estratificados em realizações edificantes, tendências inferiores em aspirações elevadas sob os impulsos do amor. Tal é o grande compromisso que deve ser atendido por todas as criaturas que anelam pela tranquilidade e pelo bem-estar legítimo.[47]

As tendências inferiores, ainda arraigadas em nosso eu profundo, herança atávica de nossa fase primitiva, quando desconhecíamos a Lei Divina e nos arrastávamos na ignorância sob o jugo do instinto, são remanescentes dos atos praticados que não foram, ainda, erradicados. Assim, toda paixão que aproxima o homem de sua natureza animal distancia-o de sua natureza espiritual, retardando sua evolução e o impedindo de ser feliz.

> Não seja de estranhar que ainda permaneçam no Espírito em crescimento para Deus as fixações ancestrais decorrentes das

[47] FRANCO, Divaldo P. *Jesus e o Evangelho – À luz da psicologia profunda*. P. 87.

experiências por que passou, retendo-o ou dificultando-lhe a ascese. Mediante esforço bem direcionado e constante, são vencidos os impedimentos, e os atributos de sublimação rompem o cárcere em que se demoram retidos, facultando o alcance da plenitude.[48]

Todo excesso, todo extremismo e parcialidade ao lidarmos com nossas emoções geram sentimentos inferiores, desequilibrados, levando-nos às conquistas materiais, distanciando-nos dos objetivos reais de nossa existência. Este posicionamento retarda nosso progresso espiritual, denuncia a supremacia da matéria sobre o Espírito, com sérias implicações morais em nossa vida social e familiar.

A vontade de superar nossas más tendências seria o primeiro passo no caminho mais seguro para vencermos as paixões inferiores. Os recursos espíritas, aliados ao conhecimento que a Doutrina nos confere, fortalecem nossa vontade, por compreendermos que a prece, o amor desinteressado, a renúncia, a abnegação são fomentadores de defesas em nosso mundo íntimo, ajudando-nos a superar as dificuldades da luta contra as imperfeições morais.

Assim, podemos dizer que as paixões inferiores e perturbadoras são resultantes do desequilíbrio, do exagero e dos excessos com que lidamos com nossas conquistas materiais, com nossos sentimentos e aptidões, provocando lesões em nossas almas e prejudicando os que caminham conosco.

Em nossa vida diária, podemos treinar o domínio sobre as paixões, começando pelas coisas mais simples:

---

[48] FRANCO, Divaldo P. e TEIXEIRA, J. Raul. *Diretrizes de segurança*. P. 104.

- no hábito da alimentação, indispensável à nossa sobrevivência, mas que, desgovernado, nos leva à gula;
- nas atividades profissionais ou domésticas, quando exageradas e movidas por atitudes egoístas, são desencadeadoras de conflitos e desarmonia;
- no lazer e na recreação tão necessários ao equilíbrio de nossas energias, agindo beneficamente contra o estresse da vida moderna; contudo, os abusos na busca de emoções novas e o desregramento propiciarão o descontrole na área da afetividade ou a indolência na ociosidade;
- nos relacionamentos afetivos, tão importantes para o equilíbrio das energias que se refazem, nas emoções que se enobrecem; mas, se levados aos extremos das atitudes egocêntricas e do ciúme doentio, serão geradores de lesões morais e fomentadores de obsessões espirituais;
- os ideais e os anseios da alma, seja na área das pesquisas científicas, das realizações artísticas ou religiosas, se levados aos extremismos, aos excessos em suas realizações, infringindo as leis morais, poderão gerar neuroses e dependências mórbidas com sérios desequilíbrios espirituais.

São exemplos com os quais nos deparamos em nossa vida de relação e nos hábitos vivenciais que poderão gerar distúrbios no psiquismo e paixões violentas, portanto, perturbadoras.

No entanto, quando educadas, as emoções e as paixões poderão impulsionar as grandes realizações nas áreas artísticas, sociais e humanitárias.

Temos no Evangelho de Jesus a orientação segura para vencermos nossas más inclinações, vigiando e orando sempre.

Seus ensinamentos nos levam a entender toda a extensão do amor, como lei da vida, sustentando-nos nas lutas travadas com nossas imperfeições, porque através do amor o egoísmo cede lugar ao altruísmo e a abnegação nos leva a entender melhor o nosso próximo, amando-o e respeitando-o como nos amamos.

Quando Allan Kardec, indaga aos Espíritos superiores: "Qual o meio mais eficaz de combater-se o predomínio da natureza corpórea?".

Temos na resposta a síntese do amor como o meio capaz de vencer nossas más inclinações: "Praticar a abnegação".[49]

Este, seguramente, é o caminho.

---

[49] KARDEC, Allan. Op. cit., questão 912.

Saúde interior

Algumas religiões apregoam que tudo o que nos acontece, todos os males físicos ou morais, provêm dos atos punitivos de Deus. Mesmo entre os espíritas há os que acreditam serem todas as ocorrências desagradáveis fruto de atos pregressos, imputando à lei de causa e efeito a geratriz de doenças, desastres materiais e perdas morais que sofremos.

Há de se reparar, entretanto, a generalidade deste posicionamento, uma vez que a vida é construída a cada momento de nossa existência e o livre-arbítrio nos possibilita mudanças e acertos na programação reencarnatória. Sabemos que muitos sofrimentos advêm de atos da presente encarnação; têm suas causas na vida atual, como consequência de nossa invigilância, abusos, desequilíbrios, e desrespeito à lei natural.

Tratando-se da saúde física, é fácil compreender como o organismo sofre, em seus delicados equipamentos, com a sobrecarga de nossas emoções desequilibradas, do desamor, dos ressentimentos, das atitudes agressivas e pessimistas. Nosso corpo físico, dotado de um maquinismo de imensas possibilidades, aparelhado de funções delicadas e aptas a desempenhar papéis reguladores com eficiente precisão, sofre, entretanto, sob a ação da mente, a alteração e o descontrole quando nos colocamos em atitudes negativas e doentias. É de nossa mente que partem as ordens e as mensagens para todo o organismo.

A cadeia glandular que segrega os hormônios desencadeadores das mais variadas substâncias irá atuar em nosso corpo criando alterações positivas ou negativas, de acordo com as emoções e os pensamentos emitidos. Ao longo das vidas sucessivas, vamos incorporando ao nosso organismo, no processo reencarnatório, em sua constituição emocional e psíquica, os bens adquiridos, selecionando genes e valores que irão determinar os tipos de provações ou expiações que iremos sofrer na vida presente e consequentemente os necessários à nossa evolução espiritual.

Joanna de Ângelis nos diz que:

> Em cada fase da vilegiatura, no corpo ou fora dele, o espírito conquista bênçãos que incorpora ao patrimônio evolutivo, moldando os futuros corpos de acordo com tais aquisições, que são afetadas vibratoriamente pelas ondas de energia positiva ou negativa que emite sem cessar. [...] Assim organizam-se moralmente as estruturas expiatórias e provacionais, como recursos necessários para a aprendizagem e fixação dos valores propiciatórios ao progresso.[50]

[50] FRANCO, Divaldo P. *O ser consciente*. P. 96 e 97.

As expiações normalmente são irreversíveis e decorrem de faltas graves do passado, como suicídio, perversidade, homicídio, avareza, ódio, vingança, etc., enquanto as provações são instrumentos de correção dos vícios morais e erros menos graves ou lesivos, que podem ser atenuados ou até mesmo sanados pelos atos de bondade e cumprimento da Lei Divina favorecendo o bem e a ordem geral.

Devemos considerar que a lei de ação e reação age segundo a Justiça Divina e não tem somente o caráter punitivo e reparador. Sua função é educativa e atua como elemento de progresso espiritual. Quando o ser age com amor e caridade, elevando suas aspirações e realizações morais, ele está se envolvendo em energias positivas que o libertam e impulsionam para patamares mais condizentes com suas ações enobrecedoras. Muitas provações são atenuadas e melhores condições de vida propiciam a ausência das dores morais ou físicas anteriormente programadas.

Segundo a Benfeitora espiritual, há no corpo humano um médico interior que dá ordens à mente. Quem orienta este médico interior é o nosso espírito que articula pensamentos positivos ou negativos. Leciona que: pensar no bem, agir no bem e amar incondicionalmente irá equilibrar nossas almas com o lenitivo da esperança, com as bênçãos da oração e proporcionará bem-estar orgânico e espiritual.

O importante na vida é a busca desta saúde interior, direcionada pelo Espírito imortal. Não importa viver muito tempo em desarmonia. A qualidade dos anos vividos é que importa, facultando-nos equilíbrio, bem-estar e esperanças renovadas.

Joanna de Ângelis nos diz:

> Há um inter-relacionamento entre mente e corpo mais sério do que parece. Desse modo, o autoamor estimula a veracidade dos atos e das palavras, sustentando a saúde ou corrigindo a doença. Os tecidos orgânicos interagem por intermédio de substâncias químicas que se movimentam na corrente sanguínea e pelos hormônios do aparelho endócrino. A hipófise é-lhes a responsável, que recebe os estímulos mediante os impulsos nervosos do hipotálamo, que regula a maior parte dos fenômenos e automatismos fisiológicos. Todo esse mecanismo ocorre através de fibras nervosas, procedentes do cérebro, que as comanda sob as ordens da mente, consciente ou inconscientemente. Por isso, a indução do autoamor promove as vibrações harmônicas que terminam por manter, organizar e reparar o organismo propiciando-lhe saúde, enquanto enfermo.[51]

A saúde interior se estabelece com o equilíbrio da mente, harmonizando o corpo físico por meio da fé e da confiança em Deus. "Psicologicamente o autoamor é, sobretudo, autoencontro, conquista de consciência de si mesmo, maturidade, equilíbrio."[52]

---

[51] FRANCO, Divaldo P. *O ser consciente*. P. 100.
[52] Id., ib.

O CAMINHO DA FELICIDADE

Um dos objetivos do ser humano é a busca da felicidade, que poderá ser definida em dois níveis – mental e físico. A harmonização da mente com o que se estabelece como prazer ou contentamento íntimo dependerá de múltiplos fatores tratando-se do grau de adiantamento moral de cada indivíduo. O equilíbrio entre o que se busca na satisfação do que nos dá felicidade sob o aspecto físico e a disciplina ética já conquistada pelos valores espirituais seria o posicionamento ideal na procura da felicidade. Há de se considerar, portanto, os dois aspectos – físico e espiritual – dentro dos padrões morais de cada ser.

Muitos consideram a felicidade inatingível aqui na Terra, onde o sofrimento e as dores morais afligem o ser humano em processo de resgate e provações. Entretanto, considerando a serenidade íntima como a conquista dos valores espirituais que levam a mente a uma aceitação consciente dos sofrimentos e das perdas, pelo entendimento maior dos objetivos de nossa permanência na Terra, poderemos nos educar e redefinir as reações e os sentimentos para um melhor equilíbrio ante os desafios da vida, amenizando o que nos faz sofrer.

Vivendo num mundo de ondas e vibrações, sofremos o impacto de outros pensamentos que, ao se conjugarem com os nossos pela sintonia mental, poderão modificar nossos sentimentos levando-nos a estados variáveis de humor e de prazer. Assim, estados mentais positivos expressam sentimentos de generosidade, compaixão, tolerância, bondade que levam o indivíduo a uma possibilidade maior de comunicação, podendo influenciar os outros com demonstrações também positivas, tornando-o uma pessoa saudável e apta a conquistar um equilíbrio mental que a torna mais segura e confiável. Quando nos aproximamos de pessoas assim, generosas e compreensivas, nos sentimos mais seguros e felizes. Elas nos permitem uma abertura maior para falarmos de nós, de nossos conflitos e problemas, porque são mais humanas e bondosas.

Dizer que a felicidade depende de um estado mental equilibrado poderá parecer difícil para algumas pessoas que ainda buscam a felicidade apenas em coisas materiais, representadas pelos objetos que as encantam e as satisfazem fisicamente. Todos nós experimentamos, em diversas fases de nossas vidas, momentos assim, quando os sonhos de consumo se realizavam, ou podíamos conquistar determinadas posições sociais ou financeiras no âmbito profissional, e, após o entusiasmo e o prazer da conquista, voltávamos ao mesmo estágio anterior de felicidade já sinalizada em nossa mente. Se já éramos felizes, estes objetos ou essas aquisições não acrescentavam mais prazer ao nosso mundo íntimo e, se éramos infelizes, retornávamos ao estado de insatisfação anterior.

Mestres e pensadores de várias culturas já estabeleciam, há milhares de anos, a disciplina mental como fator essencial na conquista da felicidade. O treinamento sistemático da mente, substituindo valores negativos por aquisições positivas, facilitará o encontro do equilíbrio e da paz, tornando-nos mais receptivos ao bem, ao amor e à generosidade.

A mídia tem se reportado, atualmente, às influências mentais e ao valor do pensamento positivo na conquista da felicidade e na realização dos objetivos almejados, quando, realmente, nos concentramos com fé, neste desejo. Estaria aí, dizem (e estão certos), o "segredo" da realização de nossos intentos, tanto na área familiar como na profissional ou social. Apesar de evidenciarem com maior empenho as conquistas materiais, eles nos dão exemplos do valor do pensamento e de sua força na concretização de nossos ideais.

Cientistas modernos já realizam trabalhos visando ao treinamento sistemático da mente, com a seleção deliberada dos estados mentais positivos, seguida da concentração no que se almeja. Dizem que isto é possível graças à própria estrutura cerebral e suas funções. Nascemos com cérebros que já vêm equipados geneticamente com certos comportamentos instintivos. Reagimos a determinados ambientes visando a nossa sobrevivência. Esses sistemas básicos de instruções estão codificados em inúmeros modelos inatos de ativação das células nervosas, atuando em resposta a algum acontecimento ou pensamento. Mas a configuração de nosso cérebro não é estática, pode ser adaptada, projetar novos modelos, por ser maleável e sempre dinâmica, permitindo novas combinações, novos pensamentos e experiências. Os neurocientistas chamam de "plasticidade" esta capacidade de mudanças inerente ao nosso cérebro.

Os doutores Avi Karni e Leslie Underleider realizaram experiências nos *National Institutes of Mental Health*, comprovando a capacidade de redefinir a configuração do cérebro. Demonstraram que através de uma atividade simples de coordenação motora, como o exercício repetitivo de batucar os dedos, realizada durante quatro semanas seguidas em horários programados, comprovaram, pelo exame de ressonância magnética, as alterações na área do cérebro envolvida nessa tarefa, que se apresentava mais expandida, ativando as células nervosas, tornando a função mais eficiente e mais rápida. Esta experiência os levaram a considerar que podemos mudar nossa atividade mental, pelo exercício, remodelando nossas células nervosas para atender melhor nosso objetivo.

Sob o aspecto moral e espiritual, a prática constante de pensamentos saudáveis, alterando nosso modo de pensar negativo para positivo, será resultante de um aprendizado, inserindo novos estímulos para remodelar e alterar o nosso padrão vibratório, substituindo nosso "condicionamento negativo" por um positivo, com a formação de novos circuitos cerebrais, sob o comando do espírito imortal.

Assim pensando, treinar a mente para a felicidade passa a ser uma possibilidade real.

Os benfeitores espirituais já há algum tempo nos instruem sobejamente acerca do valor do pensamento na construção de nosso destino. Léon Denis, há quase um século, já dizia:

> O pensamento [...] é criador. Não atua somente em roda de nós, influenciando nossos semelhantes para o bem ou para o mal; atua principalmente em nós; gera nossas palavras, nossas

ações e, com ele, construímos, dia a dia, o edifício grandioso ou miserável de nossa vida presente e futura. Modelamos nossa alma e seu invólucro com os nossos pensamentos; estes produzem formas, imagens que se imprimem na matéria sutil, de que o corpo fluídico é composto. Assim, pouco a pouco, nosso ser povoa-se de formas frívolas ou austeras, graciosas ou terríveis, grosseiras ou sublimes; a alma se enobrece, embeleza ou cria uma atmosfera de fealdade. Segundo o ideal a que visa, a chama interior aviva-se ou obscurece-se.[53]

Pensando, construímos nosso destino. O pensamento é força criadora, e nossa felicidade poderá ser resultante do exercício mental ativando esse poder ao elaborar nossos desejos e ideais.

Certamente essa conquista estará subordinada a uma disciplina ética adquirida pela educação moral do ser no respeito à vida e ao próximo, como diretrizes seguras em seu processo de evolução espiritual.

Joanna de Ângelis nos ensina que:

A felicidade se estabelece quando os dois níveis – físico e mental – harmonizam-se, ensejando o prazer emocional e transpessoal. Nesse passo alcança-se, mediante a criatividade, o prazer mental, o bom direcionamento da mente, que consegue alterar para melhor a compreensão do mundo. Esse sentido da vida, essa finalidade induz a sacrifícios de bens, riquezas, relacionamentos, para a entrega à inspiração, do significado à busca da felicidade. Tal prazer não se restringe

---

[53] DENIS, Léon. *O problema do ser, do destino e da dor.* Cap. XXIV.

apenas à arte em si mesma, ou à cultura, porém à vida e aos seus valores, às realizações no campo pessoal, com vistas ao bem da humanidade, à superação do ego.[54]

[54] FRANCO, Divaldo P. *O ser consciente*. P. 138.

Reflexões na primavera

"Aprendi com as primaveras a deixar-me cortar e a voltar sempre inteira."[55]

Quem de nós, ao adentrar no inverno dos tempos, não experimentou o sofrimento, seja em seu aspecto físico ou em dores morais que ferem, com maior intensidade, as almas sensíveis?

Qual de nós não sentiu o vazio da solidão, a angústia da ausência e a alma dilacerada pela perda de um ente querido?

Quem não foi magoado pela ingratidão dos amigos, os mais queridos, que partem sem nos dizer adeus e nunca mais retornam?

Qual de nós não sentiu a dor da separação, assistindo ao distanciamento de um filho, motivado por rebeldia ou ilusões perdidas?

---

[55] MEIRELES, Cecília. *Mar absoluto e outros poemas*. P. 524.

São tantas as dores, os tormentos por que passam as almas neste mundo de tristes acontecimentos e violentos golpes, que iríamos ficar enumerando sem nos dar conta de que elas são infinitas... Felizes aqueles que as superaram com fé e confiança em Deus.

Todos nós sofremos de maneiras diversas. Reagimos ao sofrimento, também, de formas variadas. Desde os mais covardes que se deixam abater pela ventania temporária e se escondem na solidão ou fogem para lugares irreais em seu mundo íntimo, até os desesperados que gritam e tentam chamar a atenção de todos para suas dores, como se eles fossem os únicos a passar pela vida sob os golpes da aflição e do sofrimento.

Existem aqueles que sofrem calados, sem desejar a comiseração alheia, mas se rendem à dor, fechando-se na concha escura do egoísmo, distanciando-se das pessoas e ocultando de todos seu sofrimento, às vezes por orgulho, outras vezes por medo de se mostrar como todos os seres viventes, frágil e indefeso, lesado em seus sonhos de grandeza ou de conquistas inatingíveis...

Muitos superam a dor trabalhando, lutando cada vez mais, sem se darem conta da necessidade de chorar, de extravasar o que o fere, falando ou buscando um ombro amigo no qual possam repousar um pouco, suavizar o amargo cálice da tristeza que envenena sua alma.

Podemos encontrar, ainda, os que passam por etapas distintas em seu sofrer – a revolta, o desespero, a não aceitação, e, finalmente, sucumbem e se entregam com humildade, compreendendo que todos sofrem e não apenas eles estão sendo atingidos pela dor. Sua alma, a partir deste momento, encontrará na fé o alento para prosseguir a caminhada, mesmo sofrendo ainda com o acúleo de padecimentos físicos ou morais.

Cada vez que sofremos, com aceitação humilde dos desígnios de Deus, sentimos renascer em nosso mundo íntimo valores que nunca pensávamos ter. Descobrimos em nós uma capacidade de resistência e um poder de renovação como nunca havíamos sentido.

Como diz Cecília Meireles, em seus versos, temos que aprender a nos deixar cortar – podar as arestas do orgulho, da ambição, da vaidade, para ressurgirmos inteiros, completos após a adversidade, no enfrentamento dos problemas e dos padecimentos de nossa existência física.

A Natureza nos ensina com sabedoria a não nos agastar ante os empecilhos da jornada. Após a tempestade surge a calmaria necessária à reconstrução do que foi destruído, do que poderá se refazer com suavidade, aos poucos, com equilíbrio e sem precipitação. Assim também, a dor, vergastando nossos mais belos sonhos, destruindo nossos melhores anseios, nossos amores... Sentimo-nos como se tudo estivesse perdido, como se não houvesse nenhuma solução, como se tudo terminasse para nós. Entretanto, se tivermos calma, confiança e fé, veremos que a vida voltará à normalidade. Com o tempo, retornaremos mais fortes e mais capazes. Se soubermos recomeçar, com mais vigor e maior confiança em nosso poder de reconstruir nossas vidas, veremos que não foram inúteis as dores, e sim uma preparação para novos embates. Saímos mais corajosos e mais confiantes.

Na vida, existem momentos nos quais teremos que aprender a recuar, parar, medir nossa resistência, refletir ante os óbices que nos impedem de prosseguir, para depois enfrentar, com serenidade, as dificuldades, e assim poder saná-las de forma equilibrada. Lutar pelo que acreditamos ser útil e necessário, essencial à nossa paz e ao nosso progresso moral, é saudável e nos faz acreditar em nossa capacidade de reação.

Nem sempre entendemos os avisos que nos chegam pelo sofrimento. Mas é preciso ver além da vida que hoje nos beneficia com tantas oportunidades, e buscar no infinito das horas a razão do existir, o objetivo real de estarmos aqui, neste momento e neste lugar.

E em momentos assim, de reflexões mais íntimas, aprendemos com o sofrimento, em sua função educativa, a sermos mais humildes, menos exigentes com os que caminham conosco, tolerando mais e compreendendo melhor cada um de nossos irmãos; perdoando, sem condicionar nosso gesto a novas exigências.

Dores mais acerbas ocorrem em nossas vidas quando perdemos entes queridos, no entanto a compreensão de que a morte é apenas física e que a vida estua em outra dimensão, certos da possibilidade de um reencontro, conforta nossos corações e nos estimula a prosseguir. Outras aflições decorrentes de enfermidades, cujos mecanismos desconhecemos em sua amplitude e necessidades maiores, convertem-se em benefícios para nossos espíritos, pelo seu poder de resgate e depuração. Outros padecimentos decorrentes de perdas financeiras, acidentes ou desmoronamento de sonhos e ruptura de vínculos familiares constituem avisos aos que são atingidos por estas dores ou perdas, lembrando o objetivo real da existência e a função educativa do sofrimento.

Joanna de Ângelis nos diz que a infelicidade maior é quando vigora em nosso mundo íntimo a intolerância e o egoísmo, levando-nos a prejudicar nosso próximo, construindo a felicidade sobre os escombros do que pertencia a outros, que estão agora em desvalimento e dor.

"O infortunado é sempre aquele que infelicita, que se desforça, que fere, que se compraz com o alheio sofrimento."[56]

E sabiamente conclui:

> Por isso, o número de infortúnios ocultos é sempre muito grande, já que, não podendo ser exteriorizados, tornam-se expurgadouros necessários à eliminação do mal que permanece naqueles que o experimentam. Eis por que o bem e sua ação constituem o melhor e mais valioso recurso para uma existência feliz.[57]

Saibamos, assim, enriquecidos pela experiência com que o sofrimento abençoou nossas vidas, não permitir que o desalento e a amargura ensombrem nossos dias, acendendo em seu mundo íntimo a luz da fé, buscando na crença da imortalidade da alma, a certeza de que a dor educa e refaz. Com discernimento, encontrarmos a força necessária para prosseguir, e a melhor terapia sempre será a do amor. Ajudando aos que sofrem mais do que nós ou se encontram perdidos no desespero e na incerteza, estaremos, realmente, ressarcindo nossos débitos ante a Lei Divina, porque se hoje sofremos, certamente no passado fizemos muito sofrer, se estamos carentes e solitários – abusamos das almas afins que confiaram em nosso amor e em nosso apoio moral.

---

[56] FRANCO, Divaldo P. *Diretrizes para o êxito*. Cap. 15, p. 94.
[57] Id., ib., p. 94.

Como nos ensina a Benfeitora espiritual, saibamos tirar, de todas as situações da vida, reflexões educativas, geradas pelos infortúnios ou pelos momentos de alegria. Serão atitudes que nos manterão espiritualmente saudáveis no processo de crescimento espiritual.

Realidade espiritual

Nesta manhã de inverno, a montanha se cobre de nuvens densas que se derramam até sua encosta em nevoeiros mais tênues, aumentando a intensidade do frio, pouco rigoroso neste ano. Já podemos sentir a proximidade da primavera, na leveza do vento e no perfume de algumas flores que se antecipam, enfeitando os jardins e os campos.

Na mutação da Natureza que expressa uma renovação constante, alterando as paisagens que se sucedem em cores variadas, encontramos o convite da vida para que não nos acomodemos e prossigamos confiantes nas diretrizes traçadas, buscando sempre o progresso moral – objetivo maior de nossa programação reencarnatória.

Em cada novo alvorecer ressurgem novas oportunidades de refazer caminhos, realizar planos e alterar roteiros na busca de nosso crescimento espiritual.

As alterações da Natureza, desde as coisas mais simples, como o desenvolvimento da planta que ressurge tímida após a devastação de uma queimada, como um milagre da vida, até à grandiosidade do mar revolto, lavando as impurezas que maculam suas águas, devolvendo-as à terra em sucessivas ondas, constituem o dinamismo da evolução a nos mostrar que somente pelo trabalho incessante e pelo entendimento das Leis Divinas poderemos crescer e entender nossa realidade espiritual.

Nos sucessivos ciclos da Natureza tudo é renovação. As modificações climáticas estabelecem os momentos propícios de semear, adubar, irrigar, colher... A Natureza é sempre pródiga em exemplos de perseverança e equilíbrio, refazendo pacientemente os danos causados pelo homem que tenta alterar a ordem natural da vida.

Em cada gesto, em cada exemplo, Jesus nos ensinou a amar a Natureza, nas coisas simples que Ele narrava em suas parábolas, com sabedoria e simplicidade.

Ensinou o caminho, mas poucos se dispõem a segui-lo.

Plasmando em nossas mentes o ideal da imortalidade da alma, da continuidade da vida após a morte, Jesus, com seu amor, nos legou o conhecimento para a conquista da Verdade e da Vida: contudo, nos apegamos com mais intensidade aos bens materiais em detrimento do enriquecimento de nossos Espíritos imortais.

Somos livres à medida que nos libertamos das amarras do preconceito, do desamor, do apego ao que possuímos. O “ter” tem causado muitos aniquilamentos e retardado o crescimento espiritual dos homens. Mas quando ele se volta para dentro de si mesmo e busca em sua essência o que representa sua vida, o ser imortal que nele habita, inicia uma revolução moral de dentro para fora, que facilita seu entendimento acerca de sua espiritualidade e da necessidade de educar seus sentimentos e refinar suas emoções. Por meio da reflexão nos vemos como realmente somos.

Enxergamos a beleza da vida como dádiva em nosso viver, com toda a riqueza que Deus nos concedeu nas coisas simples que nos cercam, quando começamos a dar uma diretriz mais correta ao nosso pensamento, libertando-o e canalizando-o para o belo, para o bem, para o amor. Assim melhoramos nossa sintonia espiritual e nos alimentamos com fluidos menos densos, mais condizentes com nossas aspirações superiores.

Temos liberdade de pensar, de criar, de observar o que nos cerca sem as limitações do egoísmo, da inveja e, assim, ampliamos nossas antenas mentais, percebendo com mais clareza os objetivos reais de nossas vidas.

Joanna de Ângelis nos leciona que:

> As revoluções do pensamento têm sido muito velozes e se acentuam nesta última década, prenunciadora da Nova Era da Consciência, quando os horizontes se farão mais amplos e a compreensão humana da criatura se tornará mais profunda, particularmente em torno do Si, do Espírito imortal.[58]

A busca desta realidade que se origina no mundo interior irá nos conceder a força e a autonomia para conquistar a liberdade tão sonhada direcionada para o bem, livrando-nos das inquietações perturbadoras, do primitivismo em que nos demoramos, retardando nossa evolução espiritual.

---

[58] FRANCO, Divaldo P. *Vida: desafios e soluções*. P. 102.

O que a Psicologia moderna propõe atualmente já era preconizado por Jesus, segundo o pensamento da Mentora citada quando diz que "seus ensinamentos constituem um verdadeiro tratado de psicoterapia e deve ser relido com visão nova e profunda por todos, particularmente conforme vem ocorrendo com a Psicologia e as demais doutrinas do psiquismo".[59]

Mostrando com simplicidade a renovação da vida em cada alvorecer, desejei mostrar que podemos fazer em nosso mundo íntimo esta revolução espiritual, aprofundando nosso pensamento nas reflexões sobre o que somos e o que desejamos ser. Devemos rever, repensar nossas atitudes para despertar para esta nova realidade espiritual, dentro de uma linha de equilíbrio e serenidade íntima. Consoante o que preconiza o bom senso, o equilíbrio será sempre o posicionamento ideal em todo empreendimento.

Na vida de relação, nas ações praticadas iremos evidenciar se já conquistamos este patamar e se estamos, realmente, coerentes com este aprendizado.

> Ação é palavra de ordem em todo o Universo. O movimento constitui mecanismo que impulsiona a vida em todos os sentidos. O ser humano somente se identifica com a sua realidade quando age, tornando-se útil, desprendido dos bens materiais e das paixões pessoais ainda primitivas. Muitas desgraças que lhe acontecem são lições da vida, cujos bens morais deverá compreender e armazenar.[60]

---

[59] Id., ib., p. 102.
[60] Id., ib., p. 117.

Na superação destes infortúnios, na conquista da serenidade íntima, o ser encontrará a libertação espiritual que o conduzirá no rumo de sua caminhada evolutiva com mais segurança e confiança no enfrentamento das dificuldades, encontrando as soluções ideais para os problemas existenciais.

Viver é um desafio que concerne a cada um de nós. Não existem fórmulas mágicas que nos facultem privilégios ou atenuem nossas dores, que não estejam coerentes com as leis da vida. Somente o amor e o perdão incondicional nos farão mais fortes e atuarão como facilitadores desta conquista imperecível – vencer tudo o que dificulta nossa ascensão espiritual, mudar nossa realidade, identificando-nos como Espíritos eternos que procuram a felicidade por meio da harmonização do mundo íntimo.

Quem escreve...

Diante da estante repleta de livros espíritas, celeiro de bênçãos, meu pensamento divaga e busca nos diferentes títulos que atraem meu olhar, o que seria melhor ou mais oportuno para enviar a um amigo que sente a dor da perda de um ente querido... Nessa procura, sou despertada para a quantidade de livros psicografados por Chico Xavier. Mesmo não possuindo todos, é evidente, fico admirada da sua capacidade de recepção de tantos tesouros no decorrer dos anos, abençoados anos que esteve conosco. Somente os benfeitores espirituais que o acompanharam em sua trajetória aqui na Terra sabem, em profundidade, de sua renúncia, de sua abnegação e de seu amor à causa do Bem nesta intermediação com o plano espiritual superior.

Todo espírita tem (ou deveria ter) o seu recanto predileto, onde pudesse guardar este manancial de luzes e bênçãos... Quanto mais lidos e relidos, quanto mais usados e emprestados (mesmo sem retorno) vão tomando o jeito de ser de seu dono e ficam impregnados de suas vibrações, de seus pensamentos... Eu, particularmente, gosto mais dos meus livros quando bem usados, por mim e pelos outros. Parece que ficam mais confortáveis ao manuseá-los. Existem os livros prediletos, os que ficam ao nosso lado na mesa de trabalho, ao lado de nossa cama, no porta-luvas do carro, e aqueles que ficam em nosso coração, embora não estejam mais conosco. A estante de livros espíritas é como um cantinho do Céu, que ameniza as agruras do caminho, sempre à nossa espera para mitigar a sede de conhecimento, amenizar a dor da saudade, embalar nossos sonhos e facilitar nossos projetos na arte de comunicar ou transmitir aos outros o que já assimilamos.

Olho novamente para os livros, sem muita ordem em sua distribuição, e eles brilham com uma luz que se dilata e interpenetra meu olhar, atinge minha percepção cognitiva e chega ao meu coração, impregnando meus sentimentos de amor e gratidão.

Quantas vezes, ante a dor e o desencanto, buscamos em suas mensagens o reconforto e o bálsamo que suavizassem as feridas da alma... Quantas vezes nossos espíritos ávidos de esclarecimentos, ante a dúvida e a necessidade de compreensão, buscaram em suas páginas o entendimento maior, a riqueza da lição que nos ajuda a entender a vida, o porquê do sofrimento, das perdas e da necessidade da reparação!...

Quantas vezes, ainda, suas páginas, como fontes de luz, mitigaram nossa sede de conhecimento, preencheram o vazio das horas de solidão, amenizaram a saudade dos que partiram. Através dos livros, viajamos no tempo, ilustrando nossas mentes, percorrendo o passado, recordando velhas moradas, despertando-nos para as responsabilidades atuais, com suas lições enobrecedoras.

Inúmeras vezes, pelos exemplos de tantas vidas relatadas nos romances e nos contos, percebemos nossos erros pretéritos, refletimos nas vivências atuais, evitamos novas recaídas e aprendemos a ser mais fortes e destemidos na luta contra nossas imperfeições morais.

Todo este tesouro incalculável que o mundo espiritual nos propicia, por intermédio da abençoada mediunidade de Chico Xavier, Divaldo Pereira Franco, Yvonne Pereira e tantos outros escritores espíritas, é fruto de suas vivências despojadas das ilusões do mundo e dedicadas ao labor cristão através da comunicação espírita.

Abnegados médiuns que, numa doação constante, legaram para todos nós e a posteridade a riqueza da literatura espírita, desbravando caminhos novos, traçando roteiros de libertação, orientando nossas mentes para que tantos outros prossigam com maior segurança.

No livro *Amor e sabedoria de Emmanuel*, Clovis Tavares transcreve o prefácio que o sábio mentor escreveu no livro *Falando à Terra*, psicografia de Chico Xavier, e em determinado trecho o autor diz que "no campo da vida, os escritores guardam alguma semelhança com as árvores" e descreve determinadas espécies da flora e vai comparando quem escreve com suas qualidades especiais. Há determinadas árvores que, embora agradem por sua beleza, não oferecem frutos nem sombra acolhedora aos caminheiros da estrada. Outras, como espinheiros verdejantes a distância, ferem os que se aproximam. E aquelas que simplesmente acolhem e beneficiam a todos com sua sombra e seus frutos, indicando roteiros e suavizando as dores alheias, como os escritores que repassam suas emoções e mostram valores reais que norteiam a vida dos que os leem.

Certamente, naquela noite de março de 1950, na cidade de Pedro Leopoldo, Minas Gerais, a saudosa poetisa Carmem Cinira, homenageava, através de Chico Xavier, todos os divulgadores espíritas, enfocando a grande responsabilidade de quem escreve. Lendo seus versos, cresce em nosso mundo íntimo a certeza de que é nosso dever, ao lidar com a palavra escrita em nossos meios de comunicação, atentar para o cuidado e a sensatez com que devemos nos portar:

Quem escreve no mundo
É como quem semeia
Sobre o solo fecundo.
A inteligência brilha sempre cheia
De possibilidades infinitas.
Plantas uma ideia qualquer onde te agitas,
Seja esta ideia pecadora ou santa,
E vê-la-ás, a todos extensiva,
Multiplicar-se milagrosa e viva.
Sem tanger as feridas e as arestas,
Conduze com cuidado
A pena pequenina em que te manifestas!
Foge à volúpia das maldades nuas,
Não condenes, não firas, não destruas...
Porque o verbo falado muita vez é disperso
Pelo vento que flui da Fonte do Universo.
Mas a palavra escrita
Guarda a força infinita

Que traz resposta a toda sementeira,
Em frutos de beleza e alegria
Ou de mágoa sombria
Para os caminhos de uma vida inteira.[61]

[61] TAVARES, Clovis. *Amor e sabedoria de Emmanuel.* Parte 3, cap. 2, p. 93 e 94.

Por que envelhecer?

O escritor americano O. S. Marden, em um de seus livros de aconselhamento, intitulado *As harmonias do bem*, nos diz que:

"O rosto denuncia a idade quando o espírito lhe permite. O espírito é o escultor. Renovamos os corpos, renovando os pensamentos. Mudamos os corpos e hábitos, mudando nossos pensamentos".[62]

Parece um tanto exagerado seu pensamento a respeito do envelhecimento físico, mas há muita verdade em suas ideias consoante o pensamento espírita. Emmanuel, no livro *Fonte Viva*, psicografia de Chico Xavier, nos diz que "a mente é manancial vivo de energias criadoras". Sabemos do poder da mente sobre as transformações que se operam no organismo humano e na vida de relação de cada ser, influenciando de forma nega-

[62] MARDEN, O. S. *As harmonias do bem*. P. 119.

tiva ou positiva em sua destinação como encarnado e no mundo espiritual.

Somos poderosamente influenciados pelos nossos pensamentos e pelas limitações que impomos a nós mesmos. Somos, também, influenciados por outros pensamentos que nos sejam afins, isto é, quando nossas ondas vibratórias atraem ondas similares.

A crença de que adentramos à idade madura em determinado tempo e que estamos fadados ao envelhecimento em certo período de nossa vida levaria o ser humano a, em igualdade de condições, perder a vitalidade, a capacidade intelectual e o poder de produção em épocas idênticas. E sabemos que não é assim. A ideia ou aceitação da velhice como um fatalismo que nos impede de viver, de aprender, de conhecer novas operações de crescimento intelectual e espiritual, certamente, nos levaria mais rapidamente a perder o interesse pela vida, tornando-nos incapazes e marginalizados.

O pensamento direciona nossos atos. Se pensamos em velhice, em doenças, em decrepitude, em incapacidade física para o trabalho, esses pensamentos irão se refletir em nosso corpo, atraindo mais rapidamente as perdas naturais, os sinais de declínio físico e mental.

Entretanto, não basta a ilusão de se aparentar jovem, usando de artifícios, roupas coloridas e atitudes exteriores que denotem jovialidade. O importante é o que somos interiormente, como nos comportamos ante os desafios neste entardecer de nossas vidas. Não nos ajudarão os cosméticos, a cirurgia plástica, os modismos se não nos despojarmos do radicalismo, dos maus pensamentos, do pessimismo, da ilusória pretensão de ser jovem externa e eternamente.

A vida moderna nos leva a um desgaste físico e mental acentuado se não soubermos gerenciar nossas atitudes, conduzindo-nos dentro de padrões éticos que nos ajudem a sobrepor as perdas naturais que ocorrem na terceira idade. Não se preocupar excessivamente com o aspecto exterior, dando mais ênfase ao crescimento espiritual, higienizando nossas mentes com leituras edificantes, aprendizados que desenvolvam a atividade intelectual, trabalho no bem, são atitudes que refletirão no corpo físico, retardando o desgaste orgânico.

Por outro lado, como espíritas, não podemos subestimar as enfermidades libertadoras, as perdas, os contratempos e limitações desta faixa etária, entendendo que o sofrimento tem sua função educativa e modeladora do espírito.

Começamos a envelhecer interiormente, e as manifestações da velhice no corpo físico são, em muitos casos, resultantes da excessiva preocupação em não envelhecer, do medo, da ansiedade, das frustrações, da inveja, do ciúme, da maledicência e de todas as mazelas morais que, infelizmente, muitos cultivam ainda.

Envelhecer é uma característica individual, e os fatores genéticos, psicológicos e espirituais irão influenciar o processo do desgaste orgânico e mental. Fisicamente, as perdas, em sua maioria, são semelhantes, mas as reações e resistências ao envelhecimento são bastante diferenciadas. Muitos idosos sofrem mais intensamente com a solidão, com o preconceito, com a exclusão no grupo social e na família.

A maneira como se vive, o hábito saudável e benéfico da prece, da meditação, do trabalho voluntário, que ocupam os espaços vazios existenciais, a fé e a crença no futuro espiritual são fatores de amadurecimento emocional, que preservam a saúde física e mental, retardando o envelhecimento. Quando adentramos a terceira idade com otimismo, coragem e fé estamos enriquecendo nossa mente com energias vivas, geradoras de revitalização das células orgânicas.

Joanna de Ângelis leciona:

> Não há porque temer o envelhecimento, invejar a juventude, lamentar o tempo. Esse comportamento viceja nos indivíduos imaturos. [...] A busca do sentido da vida ultrapassa a manifestação da forma e prossegue em outras dimensões, aformoseando o ser, que projeta, sim, a sua realidade para outros cometimentos existenciais futuros, outros desafios humanos [...].[63]

No livro *Plenitude*, a nobre Mentora espiritual nos leva a refletir na abrangência do amor que harmoniza nosso mundo íntimo, promovendo a restauração de nosso organismo, quando diz:

> No processo de autocura, o espírito recupera as energias gastas, vitaliza, mediante a ação do pensamento, os fulcros perispirituais e predispõe-se ao resgate pelo amor, sem a intenção de negociar benefícios, antes, com a de se tornar elemento útil no concerto social, membro ativo do progresso geral e não um peso desagradável quão infeliz na economia do grupo humano onde se encontra.[64]

Assim, as energias benfazejas que emanam de nossa mente, quando mantemos o equilíbrio, a fé, a coragem de viver, refletirão em nosso corpo, beneficiando-o com a integridade física e mental.

---

[63] FRANCO, Divaldo P. *Amor, imbatível amor*. P. 109.
[64] Id. *Plenitude*. P. 97.

Maturidade espiritual

"O comportamento é, pois, resultado do nível individual de consciência de cada ser".[65]

Quando ainda jovem, imaginava que, após os embates da vida, a concretização dos sonhos, as realizações familiares e profissionais, iríamos descansar em longas férias, buscando as alegrias saudáveis das viagens a países que admirávamos ou em estâncias de repouso para o reabastecimento físico e mental. Entretanto, o tempo foi passando, outros encargos foram sendo incorporados à nossa existência e os deveres que a consciência nos impunha foram preenchendo as lacunas deixadas pela partida dos filhos e a aposentadoria na área profissional. Hoje, já sabemos que a vida não é, nem poderia ser, pelo nosso grau de entendimento da Lei Divina, um perpetuar de férias e diverti-

[65] FRANCO, Divaldo P. *Momentos de consciência*. P. 30.

mentos, como se já tivéssemos nos livrado de todos os compromissos assumidos.

Importante que seja assim. Continuamos a nos sentir úteis, capazes, e podemos prosseguir na realização de nossos projetos de vida, trabalhando no bem, servindo e aprendendo. Nosso espírito se enriquece à medida que servimos ao nosso próximo e transformamos nossa existência na ponte que une nossos corações aos que nos buscam sequiosos de ajuda, na capacidade de assumir responsabilidades, transpor obstáculos, transformar empecilhos em vantagens apoiados na coragem, na fé e na confiança em Deus. Desnecessário afirmar que a Doutrina Espírita nos enseja essas oportunidades e nos dá o respaldo para a realização dos reais objetivos da vida.

Creio que, ao assumirmos esta postura ante a vida, não amadurecemos apenas fisicamente, mas sobretudo na área mental, e, estamos construindo um futuro espiritual melhor na aquisição dos valores morais e na reparação dos erros do passado.

Pensar que se amadurece em função dos anos vividos é utopia. A maturidade espiritual independe da idade cronológica.

É uma conquista do espírito e requer autoaprovação, autossuficiência e liberdade de agir sempre de acordo com as leis da vida, conscientes de que somos responsáveis pelos nossos atos. Elaboramos nosso destino conforme pensamos e alimentamos nossa vida interior.

O amadurecimento espiritual é inerente ao desenvolvimento das virtudes, de nossas realizações diárias, das lutas e embates contra nossas imperfeições morais que nos retêm na retaguarda, impedindo nosso crescimento e nossa libertação. Somente podemos aquilatar nossa maturidade em momentos de crise, nas situações difíceis, nos relacionamentos e conflitos que vão surgindo em nosso caminho. Se consigo manter a serenidade íntima vencendo estas dificuldades naturais em meu processo evolutivo, estarei bem comigo mesmo e me aprovando como um ser que busca o equilíbrio. Meu nível ético assinala minha condição moral e o grau de maturidade em que me encontro ante os problemas vivenciados, se estarei em paz ou, ainda, em conflito com minha consciência.

Tenho observado, ao longo da vida, que, à medida que conquistamos o amadurecimento espiritual, vamos nos tornando mais humildes, mais tolerantes, mais receptivos às orientações que nos chegam através do assessoramento espiritual ou pela compreensão mais lúcida das Leis de Deus, educando nossos sentimentos e nos sensibilizando mais facilmente ante as dores dos que nos procuram sedentos de paz e consolação. Mesmo em momentos de dor e sofrimentos acerbos, conseguimos manter a chama da fé aquecendo nosso coração e a luz do entendimento maior, orientando nossos passos.

Os desafios da existência nos impulsionam a prosseguir...

Aceitamos as lutas sem lamentações ou censuras, porque entendemos que elas têm em nossas vidas a função educativa, preparando-nos para novas conquistas e novos patamares na linha do crescimento espiritual.

A serenidade íntima e a segurança oriundas desta maturidade por meio de uma compreensão mais profunda dos objetivos da vida advêm do conhecimento das leis morais e divinas, de sabermos que não estamos sozinhos e de que há em todos os seres do Universo uma interdependência que os leva a se equilibrarem e se confortarem nos dois planos – físico e espiritual – por intermédio da lei do amor.

O hábito salutar da prece, da meditação, de buscarmos diariamente alguns instantes voltados para a interiorização, leva-nos a incorporar a nossa vivência um padrão de vibrações mais sutis e uma aguçada sensibilidade ao que nos cerca. É importante nos habituarmos a ficar em silêncio, abrir nossa mente às percepções mais etéreas de nosso cotidiano. Observar as coisas simples da Natureza e tirar lições de seus exemplos de perseverança e doação constante.

O escritor James Carroll, do século XX, retrata muito bem o que sentimos quando afirma:

> Gastamos a maior parte do nosso tempo e da nossa energia com uma espécie de pensamento horizontal. Transitamos ao longo da superfície das coisas indo de um canto ao outro, muitas vezes num frenesi que nos deixa esgotados. Colecionamos dados, objetos, pessoas, ideias, experiências profundas, sem nunca nos voltarmos inteiramente a nada disso... Mas existem outras situações. Há momentos em que paramos. Sentamo-nos quietos. Nossa mente se perde na contemplação de um monte de folhas ou nas lembranças que elas nos trazem. Ouvimos. E, então, brisas de um outro mundo começam a sussurrar.[66]

Se conseguirmos ouvir e entender as mensagens que nos chegam, os pensamentos que nos inspiram em momentos assim, veremos que um novo mundo se descortina diante de nós e as soluções dos problemas ou situações que nos atormentavam começam a se diluir na grandeza do futuro que nos espera, nas

[66] CAMPBELL, Eileen. *Tempo de viver*. P. 81.

luzes que se acendem em nossos corações, alimentadas pela fé e o amor de Deus.

É na prece que buscamos nosso alimento espiritual. E ao entendermos as respostas de Deus, que é Pai e amor imensurável, estaremos aceitando as dores da alma como edificadoras de nossa evolução.

Através do sofrimento, na maioria dos casos, enriquecemos nossos espíritos de sabedoria e aprendemos a sobreviver com dignidade. Isto nos traz maturidade espiritual, tornando-nos mais aptos a entender nosso próximo, a contribuir para a melhoria do meio em que vivemos.

Cresce, também, nossa responsabilidade como espíritas na hora do testemunho, quando são auferidos nossos valores morais e colocado à prova o que falamos, o que pregamos e toda a riqueza das informações que repassamos, das lições e dos recursos da Doutrina Espírita.

Repensemos nossos atos e esforcemo-nos cada vez mais, confiantes de que Jesus aguarda por nós há milênios...

Deixemo-nos impregnar pelas suaves vibrações de suas palavras, oferecendo-nos a linfa pura, mitigando nossa sede, aliviando nossas dores, saciando nosso desejo de justiça e amenizando as aflições do caminho...

Ressoam como vibrações de amor, luarizando nossas vidas, suas divinas palavras que não se perderam na voragem do tempo: "*Bem-aventurados os que choram, porque serão consolados; bem-aventurados os aflitos, os oprimidos e sedentos de justiça, porque deles é o Reino de Deus*".

Joanna de Ângelis nos exorta à conquista desta maturidade quando nos diz:

Somente aqueles que se libertam e amam, após atravessarem as dificuldades e ultrapassarem as metas iniciais do progresso terrestre – social, familiar, pessoal – permanecendo voltados para o bem geral e transformados interiormente, assim como iluminados pela chama da imortalidade, nela mergulhados pela própria causalidade, fruirão da real plenitude – que é a meta essencial.[67]

Este é o caminho!

[67] FRANCO, Divaldo P. *Autodescobrimento: uma busca interior*. P. 94.

Provas que afetam o coração

O tempo passa célere... Aos poucos nos damos conta de que os filhos crescem, organizam-se em novos grupos familiares e sociais, distanciam-se, naturalmente, de nós e seguem suas vidas em rumos, muitas vezes, bem diversos do que imaginávamos ou sonhávamos para eles.

Vão ficando, ao longo do tempo, mais difíceis os encontros de família, mesmo em ocasiões especiais, a convivência amena e descontraída do passado, quando ainda eram crianças e estavam sempre ao nosso redor.

É natural, porém, que isso aconteça porque um dia nós também nos afastamos de nossos pais para estudar em outra cidade, organizar nossa vida profissional, criar novo vínculo pelo casamento, distanciando-nos fisicamente do lar tão seguro que nos abrigava. Contudo, perduram os laços afetivos quando há afinidade espiritual entre os participantes do grupo familiar e mesmo a distância não rompe o elo de amor e carinho que os envolve. Os pensamentos se cruzam em harmônicas recordações do passado e o desejo de rever os entes queridos distantes permanece sempre, constituindo fonte de imensa alegria o reencontro.

"Os laços de sangue não criam forçosamente os liames entre os Espíritos."[68]

Já os laços espirituais perpetuam a afetividade e unem para sempre a família, na terra como em outra dimensão espiritual.

Quando retorno à fazenda, onde minha família vivenciou momentos de muita felicidade ao lado de outros parentes, com meus pais e os pais de meu companheiro ainda vivos, tios, primos e amigos chegados ao nosso coração, penso mais profundamente nos problemas familiares de hoje, na distância dos entes queridos, motivada por circunstâncias diversas. Fico refletindo nas palavras sábias de Kardec ao elucidar e comentar no cap. XIV de *O Evangelho segundo o Espiritismo*. O rompimento e o distanciamento de alguns familiares têm explicações certas nos ensinamentos ali contidos, enfatizando sempre que os elos espirituais perduram e que a consanguinidade é frágil para manter a convivência do grupo familiar.

Olhando os retratos no velho álbum da família, os retratos que ornamentam as paredes de uma sala da fazenda, os vejo juntos, alegres, descontraídos, abraçados e com os olhos brilhando de confiança no futuro... Costumo indagar: *Será*

---

[68] KARDEC, Allan. *O Evangelho segundo o Espiritismo*.

que para vê-los juntos terei que recorrer sempre ao velho álbum de fotografias?

Fotos antigas ou mais recentes retratam a história de nossas vidas e eternizam recordações de fatos e pessoas. Algumas já partiram para o mundo espiritual, mas as observamos com todo o realismo em suas fisionomias retratadas, que nos dão uma visão retrospectiva do dia, do momento especial em que as fotografamos. Distantes ou junto de nós, representam fases vivenciadas e nos levam a lembranças de momentos felizes do passado.

Analisando algumas fotografias, nos quedamos em reflexões a respeito dos laços familiares, dos afetos que partiram, dos que teimam em se distanciar de nosso convívio, embora estejam vinculados ao nosso coração.

Sabemos que os laços de consanguinidade não são os mais fortes e os que perduram ao longo dos anos, e comprovamos isso ao verificar o distanciamento de familiares que estiveram por um período de suas vidas junto de nós.

Filhos, sobrinhos, irmãos, primos e tios, que participavam das mesmas reuniões familiares, de inúmeros Natais e festividades da família, agora estão distantes, motivados por fatores diversos e, o que é pior, não encontram mais motivações para novos encontros, como se fossem estranhos. Felizmente ficam aqueles que mantêm fortes os laços espirituais, as afinidades e o amor como vínculo indissolúvel. Analisar os motivos da separação seria recordar velhas atitudes, repensar assuntos com discussões vazias e sem resultados compensadores.

Hoje, a participação de alguns com a família é muito rara ou ocorre sob a injunção da perda de um ente querido que teve com eles uma ligação mais forte no passado.

Mesmo na própria família, entre irmãos que atingem a idade adulta e estabelecem uniões com outros grupos pelo casamento, a convivência diminui pela distância ou diferenciação de interesses.

Mais dolorosas para os pais são as divergências, que causam conflitos e lutas no âmbito familiar, com o afastamento de alguns...

É mais comum do que se pensa, infelizmente, filhos que se afastam dos pais por motivos nem sempre graves: ciúmes, orgulho, influência de cônjuges ou desconfianças infundadas por se julgarem menosprezados ou por acharem que os pais protegem outros filhos e os beneficiam mais que a eles. É muito comum as desavenças na família, e a emoção faz com que ressumam velhos conflitos desta ou de outras vidas, gerando sofrimentos incalculáveis para todos.

Alguns Espíritos se encarnam na mesma família por afinidade espiritual e por simpatia, tendo já vivido outras vidas no mesmo grupo familiar; entretanto, outros aí retornam para corrigir faltas do passado, melhorar o relacionamento com os desafetos e aplainar as arestas que necessitavam de correção. Kardec nos fala que:

"A tarefa não é tão difícil como vos pareça ser. Não exige o saber do mundo. Podem desempenhá-la assim o ignorante como o sábio, e o Espiritismo lhe facilita o desempenho, dando a conhecer a causa das imperfeições da alma humana".[69]

Acreditando na anterioridade do Espírito e nas vidas sucessivas, compreendemos melhor o porquê de tantos conflitos familiares, tantas dores e dificuldades de harmonização mesmo

[69] KARDEC, Allan. *O Evangelho segundo o Espiritismo*. Cap. XIV, item 9.

tratando-se de famílias espíritas. Consola-nos a certeza do possível recomeço, em vida futura, onde certamente poderemos refazer laços rompidos por meio do amor e da renúncia, do devotamento e da tolerância mais ampla.

> Que de mais reconfortante, de mais animador do que a ideia que de cada um dos seus esforços é que depende abreviar o sofrimento, mediante a destruição, em si, das causas do mal? Para isso, porém, preciso se faz que o homem não retenha na Terra o olhar e só veja uma existência; que se eleve, a pairar no infinito do passado e do futuro. Então, a infinita Justiça de Deus se vos patenteia, e esperais com paciência, porque explicável se vos torna o que na Terra vos parecia verdadeiras monstruosidades. [...] os laços de família se vos apresentam sob seu aspecto real. Já não vedes, a ligar-lhes os membros, apenas os laços frágeis da matéria; vedes, sim, os laços duradouros do Espírito, que se perpetuam e consolidam com o depurarem-se, em vez de se quebrarem por efeito da reencarnação.[70]

Esta mensagem de Santo Agostinho que Kardec inseriu nos comentários do capítulo XIV consolam e edificam nossos espíritos, dando-nos forças para prosseguir, mesmo quando as forças já estão escassas pela idade e a contínua provação no âmbito familiar. Não são as dores morais com os que mais amamos que nos ferem tanto? Não são os golpes da ingratidão dos que amamos que nos abatem o ânimo, tantas vezes, no outono da vida?

Seria lícito desanimar quando a luta já está quase vencida?

---

[70] Id., ib., cap. XIV, item 9.

No mundo espiritual, quando retornarmos para novos embates e acertos, preparando-nos para os renascimentos futuros, teremos uma visão mais ampla da família e de nossos compromissos. Certamente iremos nos certificar em que falhamos, em que erramos e como poderemos amenizar nossos desacertos e buscar novas forças para ajudar nossos entes queridos, talvez no mesmo grupo familiar...

É grande a responsabilidade dos pais ao acolherem um Espírito no processo da reencarnação, mas também é importante que entendamos certas dificuldades de afinidade motivadas pelos Espíritos que aí retornam para serem ajudados e orientados. De alguma forma nós os fizemos assim: rebeldes, egoístas, indiferentes. Frutos de nossas atitudes do passado, quando perdemos oportunidades de ajudá-los e atender com solicitude suas almas enfermas. Do descaso do passado resulta a provação de hoje. Essa compreensão maior da interdependência e da motivação de suas vidas entre nós, certamente, nos ajudará a enfrentar as dificuldades com coragem e confiança em Deus.

Noites de vigília

*Os momentos de solidão, quando bem aprovei*tados, são de grande importância em nossas vidas. Eles nos levam a reflexões mais profundas e duradouras a respeito dos problemas que nos afligem e ao amadurecimento, propiciando-nos conhecer, detalhadamente, nosso mundo íntimo pela observação e enfrentamento do que nos acontece, sem outras interferências.

Das lutas e do sofrimento saímos mais fortes para prosseguir vivendo...

Existem situações nas quais testamos nossa capacidade de perdoar, de tolerar as dores morais que nos chegam como bênçãos a nos induzir ao despertar para a melhoria íntima, a nos convidar à compreensão dos que não podem, mesmo em momentos difíceis, estar ao nosso lado, com o apoio fraterno que gostaríamos de receber. São momentos ímpares, oportunidades valiosas de aprendizado desta difícil mas maravilhosa arte de bem viver.

Esses pensamentos afloram em minha mente, nesta noite fria de junho, na solidão de um quarto de hospital, em vigília constante ao lado de meu companheiro de tantos anos... Vejo-o no leito tão tranquilo e distante, nesta madrugada, e me recordo de outras noites de insônia, por motivos tão diversos, ao longo de nossa vida comum – preocupações profissionais, com nossos filhos, com nossos pais, com nossos amigos – quando juntos conversávamos buscando soluções e nos confortando mutuamente... Hoje, não ouço sua voz, não posso compartilhar com seu coração generoso minhas preocupações e meus medos, todavia, busco, na prece e na aceitação do sofrimento atual, a calma e a serenidade íntima de que necessito para poder ajudá-lo e os meus familiares.

O silêncio que nos envolve nos leva a ouvir sons diferentes do habitual, que nos chegam através dos aparelhos sofisticados de sustentação e equilíbrio da vida física. O borbulhar do líquido de receptor que umedece o oxigênio lembra-me o murmúrio da queda d'água, ligeiro e constante, com o qual tantas vezes nos aquietamos na contemplação da Natureza, refazendo nossas energias e equilibrando nossas emoções.

Desejando suavizar a noite que nos envolve, quando a cidade adormece, procuro visualizar outros momentos...

O pensamento nos leva para longe e caminho na estrada ensolarada que contorna o lago da fazenda, aspirando o ar da manhã e contemplando a beleza da Natureza num turbilhão de cores e sons que me encantam... Posso nesse devaneio, deslocando meu espírito, suavizar um pouco as agruras deste momento, e é justamente no contato com as árvores amigas, com os pássaros que voejam em torno de mim, com o suave som da água corrente, que refrigero a sede do entendimento e amenizo a dor da ausência, da solidão.

Retorno ao quarto confortável do hospital e agradeço a Deus tanto amparo, tantas demonstrações de apoio e lembro a cada instante os recursos salutares que a Doutrina Espírita nos confere...

Quando sofremos, recordamos mais intensamente os ensinos de Jesus e em suas palavras encontramos a motivação para prosseguir. No cap. VI, item 6, de *O Evangelho segundo o Espiritismo*, há um trecho que nos consola quando diz:

> Venho instruir e consolar os pobres deserdados. Venho dizer-lhes que elevem a sua resignação ao nível de suas provas, que chorem, porquanto a dor foi sagrada no Jardim das Oliveiras; mas, que esperem, pois que também a eles os anjos consoladores lhes virão enxugar as lágrimas.[71]

Quantas vezes já lera esta página e não havia avaliado com maior intensidade estas palavras. Talvez porque ainda não tivesse em outros momentos de dor, sentido como hoje, a necessidade de buscar um maior aprofundamento nas palavras consoladoras desta mensagem.

Instruir e consolar – apontando as razões do sofrimento, a resposta a cada um de nós, ante a necessidade da dor, de sua função educativa, para podermos, no resgate de atos pretéritos, renovar nossas mentes, restabelecer o equilíbrio perante a Lei Divina.

Consolar os deserdados, os que padecem... Que de mais valioso existe, em momentos de dor, que recebermos as vibrações

[71] KARDEC, Allan. *O Evangelho segundo o Espiritismo*. Cap. VI, it. 6.

carinhosas dos amigos espirituais envolvendo-nos em fluidos de paz, de reconforto e harmonia íntima?

Que elevem a sua resignação ao nível de suas provas – quanto maior o sofrimento, mais necessidade de equilíbrio, de confiança em Deus, de calma ante as dificuldades, conscientes de que temos condições de suportá-las, de recebê-las para tranquilidade de nossa consciência diante da responsabilidade de nossos atos passados. Sentimos, aos poucos, ao vencer as etapas deste processo de retificação, que nossa alma se acalma, fica mais leve e temos a certeza de que estamos desonerando nossas vidas dos compromissos assumidos quando aqui retornamos, em paz e amparados pelo amor dos que nos ajudam.

Que esperem, pois que também a eles os anjos consoladores lhes virão enxugar as lágrimas – quando a dor nos visita o coração, temos a certeza de que os amigos espirituais estão a nosso lado, amenizando nossas dores, suavizando a angústia que, às vezes, tenta solapar nossa esperança, enxugando nossas lágrimas e refazendo nossas energias para que possamos prosseguir vivendo.

Da vivência espírita, das lições edificantes que fomos assimilando ao longo da vida, recebemos, em momentos assim, os recursos valiosos para manter a fé, o equilíbrio e a confiança de que tudo passa, tudo o que nos chega em forma de sofrimento ou momentos de felicidade são instrumentos de que a Lei Divina se utiliza para o nosso progresso moral. E vamos recordando as lições de Bezerra de Menezes, de Emmanuel, de Joanna de Ângelis, de Manoel Philomeno de Miranda, de André Luiz e tantos outros benfeitores espirituais que pelos seus ensinamentos nos encorajam a prosseguir...

A Doutrina Espírita enriquece nosso viver quando nos desperta para a realidade existencial e sabemos que viver as diferentes etapas da vida nem sempre constitui motivos de júbilo e contentamento. Todos nós somos testados e examinados à luz da Justiça Divina.

Para concluir, transcrevo um trecho de Joanna que nos diz:

> Uma existência feliz não é, necessariamente, aquela que se faz breve ou larga, mas sim aquela que se transforma em mensagem de alegria e bem-estar para a própria pessoa, bem como para todos aqueles que a cercam. Cada existência é uma mensagem, cujo conteúdo deve ser positivo, de forma que dignifique outras, enriquecendo-as de esperança. A doença, os problemas não são aspectos de infelicidade, porém convites do organismo da vida, para dizer que é necessário estar lúcido e consciente. A morte, por isso mesmo, não é um fracasso da vida, mas uma nova admirável experiência.[72]

Confiemos em Deus e prossigamos em paz!

---

[72] FRANCO, Divaldo P. *Vida: desafio e soluções*. P. 72.

Glória do amanhecer...

Denso nevoeiro encobre a montanha distante... Luzes esparsas permanecem iluminando as casas que sobressaem nas brumas deste amanhecer, indicando que as pessoas já despertaram para um novo dia. Aos poucos, a claridade vai dando formas e contornos à paisagem diante de mim, como a indicar a realidade da vida, após o sonho e o desejo de reter as imagens que a noite gravou em meu ser.

É imperiosa a necessidade de prosseguir vivendo, mesmo que os sonhos se desvaneçam como as nuvens esparsas que se distanciam no horizonte. Não existem, ainda, cores e brilhos nas primeiras horas deste amanhecer. Tudo é cinzento e lúgubre. Sem o brilho do sol aquecendo a terra, as cores não sobressaem e os contornos das árvores e dos prédios, que se erguem frios e inertes, se assemelham às almas ressequidas na solidão...

A cada novo dia, há de se armar o coração de fé e esperança, porque a vida prossegue em marcha acelerada, o tempo não espera que nossos ideais se aqueçam, apenas, com as luzes da esperança. Nós teremos de iluminar nosso mundo íntimo com a coragem e a fé, encontrando o destemor de seguir em frente, para que não se percam os momentos enriquecidos de novas experiências que nos aguardam.

Há toda uma programação de vida a nos esperar em cada alvorecer.

Somos os construtores de nosso destino e compete a cada um de nós alterar o rumo de nossa caminhada ou abreviar as horas na conquista dos valores que, realmente, merecem nossa preocupação constante e o desgaste do valioso tempo que ainda temos.

As luzes desta manhã ainda não se acenderam. Aguardam o sol benfazejo para iluminar o caminho dos que lutam por um ideal sublime.

As oportunidades de renovação que esperam por nosso entendimento estão despertando dentro de cada um de nós, indicando o caminho da redenção espiritual.

Se refletirmos, a cada alvorecer, perceberemos como são ricas as indicações que sinalizam o que podemos fazer para amenizar as dores que habitam nosso mundo íntimo, refazer os sonhos perdidos nos embates da vida, alimentando a fé com a chama da esperança, buscando novas motivações para viver...

Hoje é o momento mais importante de que dispomos para enfrentar as lutas que nos espreitam. Ontem foi apenas um sonho que passou, e o amanhã é a incerteza que nos aguarda, não merecendo de nós o desgaste da preocupação antecipada nem da ansiedade da espera. Hoje é o dia mais importante de nossas vidas porque está presente, como uma dádiva de Deus, oferecendo-nos novas oportunidades de recomeço, de renovação das esperanças quase esmaecidas pelo cansaço, pelo esforço de ontem.

O conhecimento da vida, que se enriquece a cada dia por meio das experiências, das conquistas que amealhamos nas lutas, são como balizas a nos indicar para onde seguir com segurança, como usar este novo tempo que surge neste amanhecer, nesta sucessão das horas que estão diante de nós.

Como usaremos este tempo?

Onde nos levará esta aragem suave que suaviza nosso caminho nas primeiras horas deste dia?

Não temos o conhecimento preciso de até onde chegaremos ao final deste dia... Apenas percebemos que não devemos parar e tudo nos leva a crer que temos uma destinação maior, acima das conquistas materiais que o dia nos oferece. Esta intuição de que somos algo além desta matéria palpável, a certeza de que somos interdependentes na engrenagem da vida, demonstra o valor da solidariedade e do respeito que devemos uns aos outros e à Natureza que nos envolve e nos enseja viver plenamente na busca de um ideal ou de um novo sonho que arquitetamos com os fios da esperança e do amor.

Nesta introspecção, nesta viagem para dentro de nós, iremos encontrar a riqueza da experiência que o passado gravou, mas também iremos deparar com os detritos dos impedimentos criados por nossa incúria e descaso no trato com os valores reais que a vida nos enseja a cada novo dia. Não podemos nos perturbar com os impedimentos naturais de nossa caminhada, porque somente nós poderemos traçar novas trilhas e novo recomeço na conquista da paz e do progresso espiritual a que estamos destinados...

Não importa o nevoeiro da descrença dos que não entendem ainda o que já compreendemos, a responsabilidade é nossa na escolha do roteiro a seguir. Portanto, prossigamos fiéis aos compromissos já assumidos e na certeza de que o sol irá novamente iluminar nossa estrada, e se persistirmos estaremos mais tranquilos, cientes de nossa destinação espiritual.

Estas reflexões, nesta manhã cinzenta, fizeram-me recordar as lições incomparáveis de Jesus nos exortando à simplicidade e ao amor.

> *"Não vos inquieteis, pois, pelo dia de amanhã, porque o dia de amanhã cuidará de si mesmo. A cada dia basta o seu mal."* (Mateus, 6:34.)

Joanna de Ângelis, nos exorta:

> *"Valoriza a dádiva da hora que passa e ilumina-te".*[73]

Renovar esperanças a cada amanhecer é bendizer a vida, é agradecer a dádiva do renascimento, é permanecer fiel às conquistas que o tempo nos ensejou no passado, que não retorna, mas nos concedeu a experiência e a confiança no futuro que nos aguarda.

Aquietemos nossas mentes, elevemos nossos pensamentos e permaneçamos em silêncio... Ouviremos dentro de nós a indicação do caminho mais seguro e encontraremos a direção correta. Há um roteiro para cada um de nós. Em determinado momento, se soubermos ouvir dentro de nós, em silêncio, escutaremos essa voz interior a nos indicar o rumo certo...

Não é preciso fazer nada, apenas escute. Silencie por momentos e aguarde serenamente. Distancie o olhar ou feche os

---

[73] FRANCO, Divaldo P. *Dias Gloriosos*. P. 250.

olhos, aquietando seu coração, e ouvirá dentro de você a sonoridade da esperança indicando o caminho a seguir!

Por fim, recorda-te de Jesus que, em todos os momentos, utilizou os sublimes dons de que se encontrava investido para amar e servir, apontando o rumo da felicidade, que começa no passo decisivo da autoiluminação.[74]

---

[74] Id. Ib.

Não perca o ideal!

No dinamismo da vida que nos envolve a cada amanhecer, não devemos ficar indiferentes aos objetivos maiores da existência nem nos quedar em pensamentos sombrios e negativos.

É importante lutar sempre contra o que nos leva a estados depressivos, a sentimentos de menosprezo pela vida ou por nossos semelhantes, ao desinteresse. Abrir as janelas da alma, sair da concha escura do eu que limita nossa visão e percepção do real objetivo da vida, ensombrando-nos o ser, restringindo nossas aspirações mais nobres, dando-nos, enfim, um sentimento de angústia e desalento.

É necessário, neste processo, manter vivo o ideal. Começamos a envelhecer quando perdemos a capacidade de sonhar, de desejar coisas, de fazer planos... Este envelhecimento não depende da idade cronológica. É a alma que envelhece, perde a vitalidade, o desejo de prosseguir...

O antídoto deste estado de espírito será manter a fé e a confiança no futuro, reacender em nosso íntimo a crença na imortalidade da alma, manter o ideal de buscar o crescimento espiritual, enriquecendo-nos com a busca de novos conhecimentos, de novas experiências.

Não nos determos para lamentar as perdas, questionar os danos e as incompreensões... Buscar no ideal sublime da fraternidade, da generosidade, as alavancas de sustentação para que o coração, sob o influxo da luz do amor, se abra em flores, perfumando o caminho por onde transitamos.

Não importa o sofrimento que nos visita a alma se soubermos superar as dificuldades de nosso mundo íntimo, buscando, no alimento espiritual que a crença raciocinada nos proporciona, o lenitivo e a coragem para prosseguir vivendo.

Problemas? Ingratidões? Abandono? Quem não os enfrentou na vida?

Somos herdeiros de nossos atos do pretérito e colhemos hoje a semeadura de ontem...

Recursos valiosos e ideais enobrecedores? Também os possuímos. Saibamos, assim, cultivá-los e agradeçamos a Deus tantas dádivas em nosso viver.

Cultivemos sempre os valores positivos que enriquecem nossas existências e não abramos espaço aos impulsos negativos que, ainda, persistem em nos confundir, amedrontando-nos, às vezes, quando em momentos de solidão.

Li em algum livro esta frase que parafraseia Carl Sandburg (1878-1967): "Sou um idealista. Não sei, ao certo, para onde vou, mas já estou a caminho". E compreendo, atualmente, com mais profundidade, o que ele quis dizer em "ser idealista", mesmo desconhecendo o caminho a seguir... Prosseguir sempre, sem esmorecer, nesta jornada que é a vida, onde sombras e luzes se alternam...

Joanna de Ângelis nos leciona:

"O recolhimento interior, mediante análise profunda dos recursos ao alcance, favorece o homem para que encontre os meios que fazem cessar o sofrimento". [75]

Com a harmonia interior e com o sentido real da existência, conseguimos prosseguir confiantes, mantendo o ideal que nos impulsiona a buscar novos valores neste viver de agora, sabendo que é ilimitado o processo de nosso crescimento espiritual.

Viver, portanto, é um grande desafio nos dias atuais, mas se nos apresenta, também, como uma rara oportunidade que não podemos subestimar.

Nosso ideal maior é seguir Jesus, o Mestre incomparável.

Quem se alimenta psiquicamente deste ideal, ao contrário do pensamento citado, sabe para onde vai, o que busca da vida. Procura ser fiel aos ideais cristãos, vivenciando-os a cada dia.

Nestes dias tumultuosos e sombrios, quando o homem sofre o impacto de várias dificuldades ante mudanças nos hábitos tradicionais, dando surgimento a novos procedimentos, é imprescindível parar e analisar o comportamento nas atividades diárias. Analisar nossos sentimentos, avaliar nossas atitudes perante o próximo e aquilatar nossos valores morais, refletindo a respeito da direção que estamos dando às nossas vidas.

Busquemos em nossas consciências os valores e padrões éticos com que estamos conduzindo nossos passos na busca de nossos sonhos e ideais.

---

[75] FRANCO, Divaldo P. *Plenitude*. P. 50.

Ela mostrará o caminho da harmonia íntima e da plenitude. Mesmo quando não soubermos como agir ou que direção dar à nossa vida, busquemos na oração o fio de luz para orientar nosso caminho e o Evangelho de Jesus será o roteiro sublime, apontando-nos as diretrizes seguras na conquista do aprimoramento íntimo e da elevação espiritual.

O importante é não ceder à onda de pessimismo que avassala o mundo atual e não se deixar levar pelo comodismo e a passividade ante os desafios do caminho quando formos chamados a auferir nossos valores morais.

Mesmo reconhecendo no sofrimento sua função educativa, como via de nossa redenção espiritual, busquemos a saúde integral por meio da vivência cristã.

Ensina-nos Joanna de Ângelis que: "A saúde integral, a paz, a alegria interior resultam da lucidez mental, que elege os atos corretos para a existência modeladora da ascensão". E cita, no livro *Plenitude*, os oito passos que Buda recomendava para uma *via de salvação*:

> crer retamente, querer retamente, falar retamente, operar retamente, viver retamente, esforçar-se retamente, pensar retamente, meditar retamente. Quem medita retamente crê, quer, fala, opera, vive, esforça-se e pensa com retidão, adquire os valores indispensáveis à salvação. Nesse estágio, a pessoa doa-se e já não mais vive, sendo o "Cristo que vive" nela. Liberta-se, por fim, do sofrimento.[76]

---

[76] Id., ib., p. 77 a 88.

Mudanças e mutações

Ao longo da vida, mudanças acontecem sempre quando nos encorajamos a tomar atitudes, muitas vezes difíceis, que nos conduzem a alterar nossa rotina, com a qual estávamos acostumados, ou mesmo nos acomodávamos com receio de nos desligar de coisas ou pessoas.

Isso acontece, principalmente, quando já adentramos ao outono da vida no qual sucedem perdas naturais e distanciamento dos que amamos, seja pela desencarnação ou, ainda, pelas contingências da vida que segue o seu curso normal. O importante é não nos alienarmos nem ficarmos algemados às queixas ou lamentações que aumentam nosso sofrer. Aos poucos, compreendemos que o sofrimento nem sempre é motivado pela ausência dos que se foram; costuma ser, frequentemente, por autopiedade ou um sentimento mais acentuado de egoísmo.

Se alimentamos nossas dores e as agravamos com pensamentos negativos, deprimentes e lesivos ao nosso equilíbrio psíquico, estamos transformando as mudanças em graves cometimentos que independem de nós porque somos compelidos a atitudes que nos induzem ao desânimo e inconformismo.

Há de se considerar que existem mudanças e mutações...

Associamos mudança ao deslocamento voluntário ou não de um local para outro; mas "mudar" tem uma conotação mais ampla – pode ser uma troca de aspecto, natureza, uma transformação e até mesmo ir-se para outra parte, desaparecer – passar de um estado para outro.

Mutação, sendo também uma mudança, poderá ser associada a uma inconstância ou variação. Não teria a mesma estabilidade da mudança convencional ou da transformação. O termo é mais apropriadamente usado quando se refere à variação biológica na constituição hereditária. E hoje ouvimos muito falar nesta mutação quando se trata de estudos da genética e da reprodução humana.

Falando mais apropriadamente em sentimentos e comportamentos, as mudanças são mais frequentes que as mutações que iriam implicar transformações mais profundas em nosso psiquismo, pois estão ligadas ao processo de evolução espiritual.

A inconstância é inerente à mutabilidade e não podemos divorciá-la de nosso viver porque buscamos incessantemente nossa transformação moral, o que não condiz com a rigidez que se aplica ao termo. As mudanças são mais fáceis de entender e empregar em nosso comportamento diário, quando visam ao nosso progresso moral e ao bem-estar de quem caminha conosco.

Temos de um modo geral um comportamento conservador. Os mais jovens gostam e podem mudar com mais frequência, alterar programas, distanciar-se dos que não estão consoantes com suas preferências ou objetivos. Entretanto, quando atingimos um grau mais elevado de maturidade física e emocional, as mudanças são mais profundas e alteram com maior intensidade nossa vida, nosso modo de ser.

Ninguém é capaz de deter a marcha do progresso. Nossa destinação espiritual é a felicidade. Portanto é nosso dever contribuir para atingir esta meta, conquistando-a através da transformação moral e mudança dos hábitos nocivos pelos saudáveis.

Aceitando nossas limitações em se tratando de alterar as estruturas do mundo e da Humanidade, podemos, entretanto, mudar nosso mundo íntimo, melhorando a paisagem interior e iluminando-a com as luzes da compreensão e do amor. Mudando nosso comportamento e alterando nossas diretrizes na busca do crescimento espiritual, estaremos contribuindo para a melhoria de toda a Humanidade.

Joanna de Ângelis nos diz que:

> à medida que o ser humano evolui, maior se torna a sua capacidade espiritual de externar os sentimentos que lhe exornam as estruturas íntimas, ampliando a capacidade de entendimento da vida e dos conteúdos mais variados, profundos e superficiais, graves e sutis, que são todo o patrimônio alcançado ao largo do inevitável processo antropossociopsicológico. [77]

Estamos, portanto, em constantes mudanças em busca do sentido real de nossa existência terrena. Somos, segundo o pensamento da Benfeitora espiritual "um feixe de emoções por deslindar e desenvolver, de forma que se faculte estados interiores

---

[77] FRANCO, Divaldo P. *Triunfo pessoal*. P. 39.

de bem-estar e plenitude, que independem de coisas e lugares, de circunstâncias e de posses".[78]

Assim, em determinado bairro ou cidade, ter ou não ter facilidades econômicas não estarão contribuindo em nada com as reais mudanças que teremos que realizar ao longo do tempo na busca do sentido existencial e nas alterações mais profundas em nosso modo de ser e agir na sociedade em que estamos inseridos atualmente. Nosso progresso moral está intimamente ligado às mudanças íntimas e à conduta real no enfrentamento das dores morais e das dificuldades inerentes à programação estabelecida pelas Leis Divinas visando às expiações e provas por que teremos que passar nesta encarnação.

Os comentários a respeito das mudanças, estimado leitor, são reflexões mais profundas sobre a vida de todos nós, ao defrontarmos necessidades reais de alterar os rumos de nossa existência. Contemplando um pouco mais distante a montanha que esteve diante de mim por longas décadas, enquanto morava em outro bairro de minha cidade, fiquei pensando como é bom não ter apego a nada e ir, ainda em vida, nos despojando das coisas e dos bens...

A alma fica mais leve, os pensamentos fluem melhor, e no exemplo da Natureza encontramos a beleza da vida que segue seu rumo, inflexível, mesmo sofrendo mudanças provocadas pelo homem, permanecendo imutável em sua forma mais profunda a nos beneficiar a cada alvorecer com a luminosidade do sol e a carícia do vento que fala à nossa sensibilidade, trazendo notícias distantes de um passado que não retornará jamais, mas que é bom de se recordar.

---

[78] Id., ib., p. 144.

Assim, na vida de todos nós ocorrem mudanças e mutações.

O importante é não perder a fé nem a coragem de prosseguir vivendo, cada momento, em paz, na busca incessante de nosso crescimento espiritual.

Lugares solitários

Caminhava no campus, *local um tanto distan*ciado da agitação de nossa cidade, onde defrontava inúmeras pessoas que buscavam, como eu, o ar da manhã ensolarada para o exercício diário tão importante para a saúde física e mental, quando percebi que nem todos os que andavam naquele lugar tão aplausível e reconfortante estavam se beneficiando, realmente, das bênçãos da Natureza ao redor... Alguns, caminhando sozinhos, apresentavam semblante sério e preocupante, que refletia a ansiedade e o estresse que os dominavam... Outros conversavam com os companheiros que os acompanhavam, gesticulando e relatando fatos do dia a dia que os deixavam nervosos e contrariados, denotando em suas feições o grau de aborrecimento... Poucos estavam descortinando as belezas do amanhecer e logrando beneficiar-se com as dádivas que generosamente a Natureza nos legava na beleza das árvores floridas, na brisa deste fim de outono, nos raios de sol infiltrando-se pelas matas e chegando até nós como bênçãos dos céus...

Alguns alunos apressados buscavam as salas do *campus* universitário enquanto outros saíam alegres e mais tranquilos, misturando-se com os caminhantes do passeio, em sua maioria idosos, que contornavam o parque. Havia um contraste marcante entre os estudantes, com suas vestes coloridas, e os demais transeuntes, com seus trajes esportivos mais sérios e convencionais... O mesmo contraste notávamos em seus semblantes, como a denotar nas rugas e expressões faciais o cansaço, o desencanto e, em alguns deles, a amargura... Refletindo acerca destas observações, concluí quanto nos é benéfica a orientação que damos a nossas vidas priorizando os valores do Espírito imortal e como se faz necessário cuidar sempre de nossas mentes, vigiar nossos pensamentos ao longo da vida.

Exteriorizamos em nossos rostos nossas angústias, medos, conflitos de forma negativa e acentuada. Mas poderemos reverter este quadro e eliminar de nossos corações a maldade, a discriminação, o desamor, e cultivar bons pensamentos, agir com generosidade para assim mostrarmos em nossos gestos a serenidade e a paz que habita nosso mundo íntimo.

Pelas narrativas do Evangelho, sabemos que Jesus procurava sempre um lugar solitário para meditar, para orar... *Marcos* (1:35) narra que: "de manhã, muito cedo, Jesus levantou-se e saiu: retirou-se para um lugar solitário e ali se pôs em oração". Em outros momentos de sua vida, também se retirou para orar, para em comunhão com o Pai buscar a inspiração e o apoio indispensável para prosseguir com sua missão grandiosa.

Todos nós temos necessidade de buscar um lugar solitário, se possível, em contato com a Natureza, onde possamos meditar, orar e refletir sobre nossas necessidades maiores, refazendo-nos para enfrentar os desafios da vida.

Procuremos observar o silêncio da Natureza quando paramos para sentir o pulsar da vida... Se adentramos neste mundo mágico que nos leva a ouvir as vozes, os sons que repercutem na acústica de nossa alma, ficamos sensíveis à dimensão espiritual que nos envolve. Este silêncio nos harmoniza interiormente, nos acalma e reconforta...

O silêncio que exala das criaturas humanas é constrangedor, impenetrável. Diferente do silêncio da Natureza e do que sentimos quando conseguimos exercitar a meditação e nos colocamos sensíveis às vozes de nosso mundo íntimo...

Amélia Rodrigues nos diz que "existem pessoas que são lugares solitários, porque se fazem áridas, amargas, abandonando-se à autocompaixão, à descrença".[79] E nos adverte:

> Enquanto luz a esperança e a multidão estruge qual mar violento nas praias, é necessário recorrer a lugares solitários para falar a Deus, ouvi-lo e adquirir forças para apresentá-las às criaturas humanas.[80]

Nem sempre é possível nos retirarmos, sair de um lugar onde estejamos e buscar este recanto ermo, onde gostaríamos de estar mais intimamente ligados à Natureza... Assim, é necessário sabermos criar em nosso mundo íntimo este oá-

---

[79] FRANCO, Divaldo P. *Até o fim dos tempos*. P. 126.
[80] Id., ib., p. 129.

sis de paz e harmonia, para nos reabastecer, refletir e orar a Deus... Buscando dentro de nós o "Reino de Deus", como nos ensinou Jesus.

Enquanto caminhamos ao ar livre, enquanto nos distanciamos fisicamente dos barulhos do cotidiano, mantenhamo-nos serenos, também intimamente, para aproveitarmos realmente as bênçãos da Natureza. Mas se não podemos nos ausentar do lar ou do trabalho para ir a estes lugares tão belos que toda cidade possui, procuremos dentro de nós a paz, na solidão de alguns minutos, refugiando-nos para em lugar solitário que deveremos criar em momentos assim. Ensina-nos a Benfeitora espiritual anteriormente citada que o Reino dos Céus é o recanto silencioso do mundo interior onde repousam todas as ansiedades...

> Quando se alcança o nível espiritual da existência humana, as aspirações se elevam aos graus da emoção superior e alterações no comportamento erguem às cumeadas da alegria, da ventura. A humildade natural nele floresce e o desinteresse pelas ilusões famanazes é espontâneo, ficando rico de júbilos, sem sinais de apego ou rumores de lamentações.[81]

Se o Reino dos Céus está dentro de nós, somos responsáveis pela criação deste lugar solitário no nosso coração, livre dos tormentos exteriores e perturbadores, do clamor da violência, que ainda perduram na vida terrena.

O autoconhecimento é o roteiro seguro e eficaz na busca do crescimento espiritual e da superação de nossas inferiorida-

[81] Id., ib., p. 128.

des. Conhecendo-nos melhor, avaliando nosso mundo íntimo, poderemos com mais coragem enfrentar as dificuldades da vida. É todo um processo de educação de nossos sentimentos para que nossas emoções sejam mais sutis e equilibradas ao longo da vida!

Ligar e desligar...

Quando adentramos a terceira idade, com longos anos de experiência na atual reencarnação, nos damos conta de que o tempo passa muito rápido. Mais célere, ainda, quando nos dispomos a trabalhar no bem, a manter a mente ligada aos deveres e compromissos no âmbito familiar, profissional e principalmente aos relacionados com a Doutrina Espírita. Temos consciência de que esses últimos foram arrolados e assumidos no mundo espiritual, e somente através do fiel cumprimento das promessas feitas ao nos prepararmos para voltar, nos darão a consciência plena do dever cumprido. Espero que ao partir os tenha realizado em sua maioria.

O envelhecimento físico jamais foi motivo de preocupação em minha vida. Acho até que não estar ligada a esse processo ajuda a não envelhecer mais rapidamente, diria até que retarda o desgaste físico e mental. As transformações físicas não afetam em profundidade o que sinto e o que penso da vida. O meu mundo íntimo está pacificado em função de outros valores e procuro manter a esperança de novas conquistas espirituais.

Sei que é transitória a vida terrena e muitas vindas e partidas antecederam este novo tempo, cujo ciclo já vai se fechando a cada dia... Procuro, assim, vivê-lo com intensidade ao lado dos que caminham comigo. Busco sempre novo aprendizado em cada oportunidade que vivencio e lição naquilo que observo. O armazenamento deste conhecimento é muito valioso e útil. Gosto de aprender coisas novas, observar as pessoas e a Natureza que, em seu dinamismo, demonstra o valor da paciência, da perseverança e da generosidade.

Relembro alguns fatos do passado como fonte de experiências para buscar a melhoria nos dias atuais, sem contudo me deter em lamentações ante as perdas naturais ou impostas pela vida, não demorando em inquietações diante do que nos espera ainda na atual existência.

Os fatos não se repetem com a mesma similitude ou intensidade, portanto não devemos cultivar ansiedade pelos momentos futuros que poderão ser agradáveis ou desagradáveis, entendendo que nunca serão idênticos, nem terão as mesmas condições ou características. O importante é o que eles representarão em nosso desenvolvimento moral.

O mais importante é a maneira de conduzir a vida no momento em que passa, mesmo estando na terceira idade. Algumas pessoas não gostam dos termos "terceira idade". Não importa a designação de terceira, quarta ou "boa idade"; o essencial é como nos sentimos nesta fase da vida.

Importantes serão todos os fatores e acontecimentos que nos levem a crescer espiritualmente. O sofrimento, as perdas, as renúncias espontâneas (algumas são impostas), o trabalho no bem, os deveres para com o grupo familiar, os compromissos profissionais e principalmente os assumidos com a Doutrina que abraçamos são fatores relevantes em nosso progresso espiritual.

Sair vitorioso ou não nestas experiências irá depender unicamente de nós.

Não posso transferir para os outros minhas responsabilidades. Isto é essencial para que eu esteja bem com minha consciência e conquiste a paz que almejo.

Mesmo com toda a bagagem de conhecimento que a vida nos proporciona e com toda a riqueza interior à luz do Espiritismo nos conduzindo para o bem, há dias em que a sombra da tristeza tenta invadir nossos corações e a inquietude espreita nossos sentimentos tentando solapar a alegria de viver... As paisagens em torno de nós perdem o colorido costumeiro, nuvens de preocupação ensombram a vida... A melancolia tenta afetar nosso mundo íntimo...

Todavia, devemos reagir contra a tristeza que tenta nos oprimir e mudar nosso pensamento, buscando na prece, na meditação, no apoio de um livro edificante a diretriz, o rumo que devemos imprimir em nossas vidas.

Emmanuel, no livro, *Amigo*, psicografia de Chico Xavier, nos diz que no mundo atual existem duas atitudes essenciais à própria segurança no comportamento: *ligar e desligar.* É uma questão de sintonia mental. Há momentos em que devemos estar ligados, atentos aos deveres e acontecimentos da vida para não atrasarmos a marcha evolutiva. Participar, ajudar, incentivar os que se apoiam em nossos exemplos e aprendizado, sem nos atermos às exigências descabidas e aos caprichos dos que tentam nos desviar dos objetivos essenciais ao nosso progresso espiritual.

Por exemplo: nunca nos desligar do bem, nem de tudo o que estabelece a harmonia da vida. O Benfeitor espiritual nos leciona que devemos nos ligar às boas iniciativas que visem à felicidade de todos, mas

> é indispensável desfocar a mente de tudo o que nos faça prejudicial ou inútil à própria existência. Caminhos que não são nossos; pontos de vista diferentes daqueles que nos orientam os passos; amigos conscientes que se afastam do melhor a fazer; familiares que voluntariamente nos menosprezam; deficiências alheias, compromissos que não nos dizem respeito, tentações que não se nos coadunam com o modo de ser, preocupações com o supérfluo, convites à aventura e assuntos outros que os noticiários infelizes te despejam à porta, em bases de sensacionalismo, são temas em cujo desdobramento os nossos créditos de tempo cairiam na vala das horas perdidas.[82]

O que Emmanuel recomenda é que quanto mais elevados nossos propósitos de crescimento espiritual, mais vigilância teremos que imprimir às escolhas na área do pensamento e das ligações mentais, sabendo ligar e desligar para esta ou aquela experiência, evitando o desgaste inútil das horas...

Neste entardecer de nossas vidas, mais do que nunca precisamos valorizar cada minuto, aproveitando integralmente as horas dedicadas ao aprendizado, à prática do bem, apurando nossas emoções e sentimentos em busca de uma mais afinada percepção do que nos cerca e principalmente do que está em nosso mundo íntimo.

---

[82] XAVIER, Francisco C. *Amigo*. P. 45.

Valorizar cada momento, cada gesto de um amigo, escrever uma carta fraterna, dedicar uma flor, um sorriso de boas-vindas, escrever uma página que conforte e alegre um coração enfermo, enfim, amar a tudo e a todos no aprendizado infinito do Amor de Deus para conosco que se reflete na Natureza, na vida e nas belezas que nos envolvem.

Quando conseguirmos desligar nossas tomadas mentais de tudo o que não nos convém, superar nossas desditas para ajudar aos que padecem dores mais cruciantes que as nossas, encontraremos a paz e a alegria das horas bem vividas... Certamente estaremos mais tranquilos e felizes *ligados ao bem*!

Reflexões

Chove lá fora, uma chuva constante, alagando as ruas e lavando a cidade, que se desfaz nas encostas dos morros, nas vilas junto ao rio que se torna caudaloso e cruel, invadindo as casas, colocando famílias ao desabrigo...

O céu cinzento e triste, com nuvens que caminham lentamente, carregando as mágoas e as tristes lembranças que se acumulavam dentro de mim, eu as deixo levar como a enxurrada que desce carregando os detritos da cidade alta...

O chão encharcado e escorregadio por onde deslizam carros e pedestres apressados lembra-me a estrada da fazenda em dias assim tão frios e lamacentos... Os respingos da chuva na vidraça assemelham-se às lágrimas que escorrem lentamente no semblante dos que sentem a dor lacerando o peito, afastando a alegria e o otimismo, ensombrando os sonhos, como as nuvens carregadas no horizonte...

Há uma nostálgica lembrança que perdura quando sua presença se faz mais forte em mim...

Não devo abrigar em minha mente pensamentos sombrios que a saudade tenta manipular... Não disse o poeta que a saudade é a presença da felicidade que tivemos?

Se me entristece sua ausência física, tenho que agradecer sempre os momentos felizes tão marcantes na caminhada que realizamos juntos, que chorar seria desperdício e "nunca mais" somente existe para os que não acreditam na união sem adeus...

O reencontro é possível, temos certeza, e a vida não fenece quando o corpo se desfaz. A vida imperecível do Espírito é o que conta na voragem do tempo.

Lembrando o passado feliz ao lado dos familiares e amigos, tento afugentar de meu mundo íntimo os sentimentos de nostalgia e desencanto. E consigo, elevando meu pensamento de gratidão a Deus por tudo que chega até meu ser na busca do equilíbrio e da paz.

Assim, vamos seguindo, confiando no amor cujos elos não se rompem e com a certeza do reencontro na eternidade que nos aguarda...

Hoje como ontem a vida nos oferece oportunidades de crescimento e aprendizado por meio das lutas, das dores da alma, dos enfrentamentos dos óbices do caminho, o que nos enriquece o espírito de valores morais.

Olhando o passado de lutas e de dificuldades, sentimo-nos mais fortes por entender que tudo o que aconteceu fortificou nossos espíritos e nos mostrou como o amor é imbatível se for verdadeiro e pleno.

Ficam, no coração, as lembranças dos momentos felizes, como bálsamo a suavizar a ausência que se faz constante e nos encorajamos ao perceber que, mesmo nas tempestades que a tudo destrói, há o milagre do renascimento, desde a Natureza que não se deixa abater e refloresce mais linda, como nas obras materiais que reconstroem as casas e as dilacerações sofridas nas ruas e campos.

Tudo é passageiro, embora nos momentos cruciais do caminho não nos demos conta de que o tempo saneará nossas mentes, apagando as cicatrizes das ulcerações morais, das perdas, dos desenganos. Entretanto, como fiel guardião de nossas lembranças, ele espera e vai nos mostrando novos horizontes a cada amanhecer, novas oportunidades de recomeço, de restauração da coragem e da esperança.

Quando amadurecemos, começamos a entender que a adversidade e a dor nos fazem crescer espiritualmente. Elas dão o verdadeiro sentido às nossas vidas, levando-nos a uma transformação moral e ao desenvolvimento de nossas potencialidades como seres humanos, capazes de sentir, de compreender e de, realmente, ajudar ao nosso próximo quando necessita de nossa compaixão.

Pensando em você, recordei a riqueza do amor e da capacidade deste sentimento nobre quando se expande e chega até o coração do outro, causando profundas modificações, e cresce atingindo mais e mais pessoas que interligadas conseguem transformar a vida para melhor, dando nova conotação à arte de viver com simplicidade e renúncia, valorizando as horas utilizadas no bem, na difusão deste amor que atinge o coração do que sofre e ainda não recebeu da vida as bênçãos já amealhadas por nós...

Assim pensando, recordo a riqueza das lições imperecíveis do Mestre Jesus a nos incitar sempre a amar incondicionalmente para que possamos viver em plenitude, embora as urzes e os impedimentos de nossa caminhada.

Transcrevo, a seguir, o pensamento de Amélia Rodrigues, em belíssima mensagem exortando o amor como a solução para todos os males:

> O amor dar-lhe-á visão de amplitude no que tange aos direitos que lhe decorrem dos deveres retamente cumpridos.
>
> O amor dulcificar-lhe-á as angústias, facultando-lhe ver a possibilidade de viver a felicidade pelo bem que lhe será lícito realizar, ampliando as dimensões sublimes da vida. [...]
>
> Quando o homem cansar-se da vacuidade e despojar-se da ilusão por exaustão do seu uso desordenado, contemplará o caos a sua volta e ouvirá no recôndito do ser as minhas palavras deste dia: Bem-aventurados os que sofrem, e, sem dar-se conta, fará a viagem de volta para dentro de si mesmo, sob o comando do amor que lhe vige inalterável, iniciando o momento ditoso de adentrar-se no "Reino dos Céus", no longe dos tempos que certamente chegarão...[83]

Amando e servindo sempre, encontraremos a paz e estaremos caminhando rumo ao nosso destino maior.

---

[83] FRANCO, Divaldo P. *Há flores no caminho*. P. 131.

Nuvens que passam...

Neste domingo, as recordações se avolumam em meu coração, numa tentativa de reviver a felicidade de outrora, como se isto fosse possível quando já adentramos o inverno da vida e as ilusões se desvanecem como nuvens esparsas no horizonte, vergastadas pelo vento...

O dia amanheceu sombrio e triste. Um nevoeiro intenso recobre a montanha distante... Há um silêncio profundo em tudo que me cerca, como se o tempo parasse e todos dormissem receando acordar, fugindo ao enfrentamento da realidade da vida...

O céu que deveria estar plenamente azul neste amanhecer, para festejar o verão de luzes e cores, mostra-se encoberto de nuvens espessas, como se tentasse esconder a magia deste tempo, quando todos renovam as esperanças de dias melhores...

Dentro de mim, os sentimentos se mesclam em nuances de tristeza e alegria, como se eu devesse prosseguir sorrindo, mesmo em horas de desencanto, considerando as luzes da fé que se acendem em meu coração, dissipando todos os pesares.

Em momentos assim, de saudade e tristes lembranças, temos que lutar contra o desânimo e a desesperança. Encontrar a janela que se abre para a eternidade e vislumbrar o futuro que nos aguarda.

O que nos dá tanta coragem ante a dor e o infortúnio?

Como superar tantas dificuldades?

Onde buscar a resistência necessária para prosseguir?

Quando você pensa que já venceu todas as batalhas, já superou todos os obstáculos e terá uma fase de paz e tranquilidade, eis que surgem novos desafios, uma nova tempestade vergastando a alma, destruindo os sonhos e ensombrando os dias em que a suavidade da vida parecia duradoura...

Novas lutas, dores superlativas, e o coração parece que vai romper dentro do peito, sem sabermos se daremos conta de tudo. Nuvens escuras surgem no horizonte, tentando destruir a esperança e a fé. Entretanto, no âmago de nosso ser, sabemos que não podemos sucumbir nem desistir da luta.

Uma força superior nos leva a reagir, buscando lá no recôndito da alma a luz da fé, daquela confiança em Deus que tantas vezes, em situações difíceis, nos socorreu, acreditando firmemente que poderemos, mais uma vez, vencer este novo desafio, encontrar novas motivações para prosseguir e conquistar a serenidade íntima, tão necessária para nos mantermos em sintonia elevada.

> Se, nas horas de provação, soubéssemos observar o trabalho interno, a ação misteriosa da dor em nós, em nosso "eu", em nossa consciência, compreenderíamos melhor sua obra sublime

> de educação e aperfeiçoamento. Veríamos que ela fere sempre a corda sensível. A mão que dirige o cinzel é a de um artista incomparável, não se cansa de trabalhar, enquanto não tem arredondado, polido, desbastado as arestas de nosso caráter. Para isso voltará tantas vezes à carga quantas sejam necessárias. [...] Para todos terá processos diferentes, infinitamente variados segundo os indivíduos, mas em todos agirá com eficácia, de modo a provocar ou desenvolver a sensibilidade, a delicadeza, a bondade, a ternura, a fazer sair das dilacerações e das lágrimas alguma qualidade desconhecida que dormia silenciosa no fundo do ser ou então uma nobreza nova, adorno da alma, para sempre adquirida.[84]

Este pensamento de Léon Denis nos leva a refletir acerca da função educativa da dor em nosso processo de crescimento espiritual.

Existem fases na vida de tanta complexidade, de tantas dificuldades que, após o enfrentamento das situações mais angustiantes, ficamos pensando onde conseguimos coragem para superá-las, tanta energia para não sucumbir ante o látego da dor a nos vergastar a alma frágil e cansada... Vencida a luta, após a recomposição das forças, quando os sentimentos vão se aquietando em nosso coração, acreditamos que somente um poder maior esteve presente em todos os momentos difíceis a nos socorrer e nos sustentar para que não sucumbíssemos.

Quando as luzes do Espiritismo abençoaram nossas vidas, desde a infância distante, sabíamos que somente em suas lições recamadas de lógica e consolação teríamos o suporte para

---

[84] DENIS, Léon. *O problema do ser, do destino e da dor*. Cap. XXVI.

enfrentar as dores do caminho. Apenas não imaginávamos que as lutas seriam tão intensas e que o amparo seria com a grandeza com que tem se realizado em minha vida.

O poder da fé, a nossa capacidade de recompor e refazer as coisas, muitas vezes, destruídas pelos embates da luta, no ressarcimento de débitos do passado, tem nos provado que somente o amor imensurável de Deus poderia conceder-nos tantas oportunidades de crescimento.

Quando você sofre o impacto de uma perda ou de um sofrimento difícil de ser suportado, é preciso dar um tempo para digerir o que se passa em seu mundo íntimo. Principalmente quando você ainda não se refez de outras perdas e dores acerbas sofridas recentemente. A lágrima suaviza nossa alma se nos resignamos ante o sofrimento. A fé age em nosso íntimo como a alavanca que nos ergue para prosseguir cumprindo os deveres do dia a dia, e o amor ilumina nossa alma para dar continuidade aos ideais, visando ao nosso futuro espiritual.

Seria insensatez nos vangloriarmos pelo que temos enfrentado como parte de nossa programação de vida. Outros irmãos nossos passam ou já passaram por situações mais difíceis, sem os recursos que temos, sem a fé que ilumina nosso ser. Entretanto, é justo considerar que, sem o apoio do plano espiritual superior que nos ajuda e consola nos momentos de sofrimento, teríamos fracassado. À medida que somos abençoados pelo conhecimento espírita e pelas luzes do Evangelho de Jesus, temos condições de superar os obstáculos do caminho com possibilidades maiores de vencer e ressarcir nossas dívidas pretéritas.

Quando iniciei nossa conversa, querido leitor, o céu estava triste e cinzento, recoberto de nuvens pesadas... Agora, uma réstia de luz já ameaça romper as brumas deste alvorecer... Começo a vislumbrar o azul esmaecido entre as nuvens que se movimentam. A montanha no horizonte já recebe os raios do sol, dando luminosidade às árvores verdejantes que a recobrem. Há prenúncios de um dia radioso iluminado pelo calor da vida que se esplende em bênçãos de paz e renovadas esperanças, como a nos mostrar que nós também podemos encontrar em nosso caminho, entremeando as sombras que se estendem, por vezes, sobre nós, as luzes da esperança e do amor!

Luzes do entardecer

Tarde de verão alongada pela claridade do sol que lentamente se esconde no horizonte em radiações brilhantes. Nuvens em matizes de rosa colorem o céu azul e voejam suavemente neste entardecer de luzes e encantamento. O som melancólico de um saxofone nos chega em evocações distantes com lembranças de um tempo que não volta mais... Estamos no jardim de nossa casa onde vivemos toda uma vida de alegrias e tristezas, vitórias e fracassos, conquistas e perdas que se entremearam num processo que nos fez crescer e amadurecer ao longo de todos estes anos. Contemplo o companheiro ao meu lado e em seus olhos procuro vislumbrar os sentimentos de outrora. Felizmente, ainda sinto a presença de seu afeto, de sua compreensão. O amor de nossa juventude, hoje transformado em solicitações de apoio, de carinho e proteção, enriquece nossa convivência. Sinto-o tão frágil a meu lado, tão diferente daquele jovem forte que me sustentava em seus braços e enxugava minhas lágrimas ensinando-me a vencer tantos reveses e lutas. Quantas vezes eu procurava em seus gestos a segurança, e na fortaleza de seus passos a orientação e me abrigava em seu peito quando a dor ou o desencanto visitava meu coração.

Neste entardecer de nossas vidas, como a Natureza que juntos observamos, ainda brilha o sol do amor que aquece nossos dias e ilumina nossa caminhada. Nem o calor e os sonhos dos primeiros anos, quando o amor explodia em nossos corações, poderão se igualar à plenitude deste aconchego, desta paz, na suavidade de nossos gestos e na esperança da continuidade de nossas vidas após a grande viagem, fechando mais um ciclo biológico da atual existência.

No ocaso da vida, embora algumas vezes as nuvens da tristeza tentem ensombrar nosso caminho, acendemos as luzes do amor e da generosidade. E, como neste entardecer, encontramos o colorido dos raios do sol cobrindo nossos horizontes em tons vibrantes, aquecendo nossos sonhos tardios...

Um sentimento profundo de gratidão aflora em minha mente, e busco na prece palavras que demonstrem o agradecimento pelo muito que temos recebido em bênçãos e oportunidades de trabalho no bem, nesta fase de minha vida.

Quando ainda jovem, pensava nos anos futuros com o natural declínio físico, com as perdas e as limitações naturais, antevia uma velhice serena, sem tribulações ou tarefas a realizar. Hoje, inversamente ao que se delineava no passado, sinto que existe, ainda, tanto a realizar, tantas lutas a enfrentar, tantos compromissos assumidos que somente a Doutrina Espírita nos sustenta e encoraja no enfrentamento de cada um deles.

É imperioso prosseguir, educar as emoções, equilibrando-as, e saber, em cada momento de crise ou desilusão, de felicidade ou infortúnio, tirar o máximo de proveito para o nosso crescimento espiritual.

Emmanuel, no livro *Amigo*, cap. 5, psicografia do querido Chico Xavier, nos leciona:

> Se aguaceiros de desenganos te encharcam os dias, se tempestades de sofrimento te compelem a mudanças difíceis, se provas inesperadas te induzem a tribulações e crises de variada espécie, não te abatas e continua nas tarefas que a vida te reservou.[85]

O importante é não esmorecer e confiar sempre em nossas possibilidades ante os deveres a cumprir.

Neste momento de reflexão, busquemos na prece o apoio indispensável e analisemos nossa dificuldades à luz dos ensinamentos espíritas. Veremos que, aos poucos, nossa mente irá ponderar com serenidade acerca dos problemas e novas soluções serão encontradas. Estamos vinculados a determinados grupos de pessoas e no âmbito familiar temos a oportunidade do reencontro com aqueles a quem ferimos ou prometemos amparo e orientação. É no lar que encontramos, muitas vezes, as maiores dificuldades e empecilhos ao nosso crescimento espiritual. Mas se soubermos enfrentá-los com amor e coragem, humildade e compreensão, sairemos vitoriosos nesta luta redentora.

Emmanuel nos diz, no livro citado, que devemos analisar com segurança determinados problemas na vida familiar, alijando a mágoa de nosso mundo íntimo, buscando compreender

[85] XAVIER, Francisco C. *Amigo*. P. 39 e 40.

que mesmo nossos filhos não agem segundo nossos conceitos e pensamentos. O Benfeitor espiritual nos exorta:

> Doemos alma e coração aos seres queridos, sem escravização a nós e sem nos escravizar a eles. Por muito se nos enlacem no mundo físico, sob as teias da consanguinidade, saibamos deixá-los libertos de nós, a fim de serem o que desejam, na certeza de que a escola da experiência não funciona inutilmente. [...] Os adultos são donos dos próprios atos e, não será justo chamar a nós, as consequências das empresas a que se adaptem ou dos caminhos que escolham, tanto quanto não seria razoável, atribuir a eles os resultados de nossas próprias ações.[86]

Assim, é natural que no entardecer de nossas vidas, quando temos ainda a felicidade de ter ao nosso lado o companheiro de tantos anos, nos dediquemos com mais empenho aos nossos interesses, deixando que nossos filhos sigam seus caminhos.

Eles partiram um dia para novas experiências. Certamente voltarão a buscar nosso afeto, sempre que necessitarem do aconchego de nosso lar e de nossa proteção.

---

[86] Id., ib., p. 101 a 103.

Viver - Desafio sublime

Ao longo dos tempos, pensei que minha vida seria diferente, que eu poderia mudá-la sem perdas ou buscando novos rumos... Imaginava que na madureza dos anos descansaria longe dos problemas e das dificuldades...

Agora, entretanto, que o inverno se aproxima com maior celeridade, fico pensando nos tempos que não retornam mais, nas pessoas que partiram, nos amores esquecidos, nos afetos perdidos e sinto que poderia ter aproveitado muitos momentos com maior intensidade...

Como nos diz Joanna de Ângelis

> Viver é um desafio sublime e realizá-lo com sabedoria é uma bem-aventurança que se encontra à disposição de todo aquele

que se resolva decididamente por avançar, autossuperar-se e alcançar a comunhão com Deus.[87]

Poucos realmente, conseguem vencer este desafio e, recordando meus passos nesta jornada, creio que poderia ter me saído melhor em muitas atividades...

Quanto mais distante fica minha infância, mais me recordo de meu lar nos primeiros anos de vida, de minha mãe, do semblante de meu pai, de meus irmãos, principalmente de minha irmã mais velha que muito cedo retornou ao mundo espiritual... Revejo suas mãos tão macias tocando meu corpo quando cuidava de mim, acariciando meus cabelos, vestindo-me após o banho perfumado que naquela época era dado em bacias sobre a cômoda do quarto. Sinto o perfume da água, do ambiente, das pessoas que rodeavam nosso lar e sempre traziam flores, doces ou outras prendas, quando nascia alguém ou se comemorava algum aniversário na família. Minha infância tão distante no longe dos tempos, mas tão viva em minhas lembranças...

Depois muitas alterações com o distanciamento da simplicidade dos primeiros anos, novos amigos, outra cidade e mudanças que marcaram a renovação nos diversos ciclos de minha vida...

Fomos crescendo, nos separando por motivos diversos, morte, estudos em outros lugares, imposições profissionais, casamentos e então, quase sem nos darmos conta, uma família tão unida pelos laços do amor foi se modificando para dar lugar a outras que surgiram com as uniões que se seguiam, obedecendo a uma lei natural.

---

[87] FRANCO, Divaldo P. *Vida: desafios e soluções*. Introdução.

A separação, entretanto, foi apenas material, pois os laços familiares fortificados pelo amor e a afinidade espiritual se eternizam. Embora alguns se encontrem no mundo espiritual, os sinto muito próximos quando nos reunimos em momentos de dor ou de alegres comemorações na família. E ficam perpetuadas as lembranças, gratas lembranças de uma infância tão rica de aprendizado e lições através dos exemplos de meus pais e irmãos.

Hoje, estou novamente atravessando uma transição, com perdas e separações, distanciamento afetivo de alguns, assistindo à dispersão dos filhos que buscam outros caminhos, outras conquistas e que vão, lentamente, deixando para trás nossos valores, nossas vidas.

É natural que assim aconteça... Um dia, nós também partimos a procura de nossos sonhos, novos projetos e criamos outros elos com amigos que foram chegando, novos amores com o nascimento dos filhos, a ampliação da família e dos que se acercaram de nossas vidas ao longo do caminho.

Dizia anteriormente que gostaria de ter vivido mais intensamente certos momentos, e isso é verdade – foram tantos os momentos de felicidade nas coisas mais simples que a vida nos ofertou – e esses são momentos ricos de amor, de generosidade, de paz!

Existem acontecimentos que marcam nossas vidas de forma mais intensa e, buscando na lembrança dos primeiros tempos, existem alguns que determinaram o roteiro de minha atual existência.

A primeira recordação que vem à mente é o convívio com minha irmã mais velha e uma abnegada diretora de um colégio em que ela lecionava. Seu nome de freira era Irmã Benigna e em minha imaginação infantil ela simbolizava uma fada daquelas que eu conhecia nas histórias contadas na hora de dormir – boa, afável. Tomando-me nos braços, dizia-me, logo que eu chegara para o primeiro dia de aula (improvisadas aulas pré-escolares, pois não havia as modernas de nossos dias), "agora você é uma aluna!". Essa palavra mágica tocou-me fortemente o coração e fiquei muito feliz, senti-me valorizada com a primeira denominação que obtivera fora do lar – aluna. Isso foi como um toque mágico valorizando minha autoestima. Esse momento de minha infância nunca mais saiu de minha lembrança e funciona como um despertar de minha personalidade atual, induzindo-me a estudar sempre, buscando o conhecimento interior e do mundo que me cerca.

Recordo-me, também, de um jantar em família, quando meu pai nos reuniu novamente, após ter equilibrado suas finanças, pois tivera uma perda muito grande no início da década de 1930. Quando nasci, ele já estava sem os bens, sem a fazenda que fora de meu avô e desempregado. Foram anos de lutas e buscas que se amainaram quando conseguiu emprego numa firma do Rio de Janeiro... Esse jantar foi uma celebração de nosso reencontro e uma prova insofismável de sua coragem, de sua confiança em Deus, nunca desanimando ante os reveses da vida. Sempre trabalhou com honestidade visando ao bem-estar da família, dando-nos segurança e meios de estudar. Conviver com seus exemplos sadios e generosos, ao lado de minha mãe, foram bênçãos de Deus para minha vida e a de meus irmãos. Naquela noite aprendi que unidos venceríamos todos os obstáculos do caminho. E sempre foi assim, unidos, nossos espíritos que vieram à Terra para progredir e crescer espiritualmente, tiveram a bênção de nascer num lar espírita. Apesar das distâncias, das separações com a partida de alguns para o mundo espiritual, os elos de amor continuam cada vez mais consolidados, e a certeza de que nunca estaremos sós nos conforta o coração.

Logo depois, mudamos para Barra do Piraí, uma cidade alegre e hospitaleira que nos acolheu carinhosamente e na qual vivemos parte de nossa infância e mocidade. Grandes transformações, novos amigos, novos aprendizados e o contato mais direto com a Doutrina Espírita na evangelização infantil, nos grupos de mocidade espírita, nas palestras, seminários, semanas espíritas, meus amigos e amigas... Fica difícil nomeá-los, mas suas presenças são pontos de luz que marcam as delimitações de meu caminho!

Posso afirmar que estes acontecimentos influenciaram positivamente meu ser, delineando meu roteiro de vida...

Depois mudei-me para Juiz de Fora, onde permaneço até hoje, estudei, concluindo o curso superior, casei-me e junto com meu companheiro, formamos uma família a qual tenho me dedicado com amor...

Os anos foram passando céleres, vieram as formaturas dos filhos, os casamentos, a chegada dos netos, dos bisnetos e cada vez mais os elos familiares se fortificavam, mantendo-me fiel aos compromissos no lar e na casa espírita.

Existe uma fase na vida de todos nós em que vamos incorporando valores, fortificando a fé e a confiança no futuro para poder suportar os desafios que certamente virão, as dores das separações, das perdas, dos desencontros... Mas é inquestionável que estamos unidos na mesma família por anteriores compromissos assumidos por necessidade e opção, quando nos preparávamos para o retorno ao mundo físico, a estar com todos eles, nossos familiares mais íntimos, nesta nova jornada.

Estou tranquila e serena com relação aos meus relacionamentos familiares. Nem sempre minha vida foi um mar de rosas. Sofri perdas e desenganos, mas a lembrança dos tempos felizes ameniza as dores do caminho.

Como nos diz, sabiamente, Emmanuel:

> Se tens notícia do Evangelho, no mundo de tua alma, prepara-te para ajudar, infinitamente [...] Por mais aflitiva seja a tua situação, ampara sempre, e estarás agindo no abençoado serviço de salvação a que o Senhor nos chamou.[88]

Sustentando-me nas lutas do dia a dia, pude contar com o conhecimento espírita, a ajuda dos benfeitores espirituais que me ampararam nos momentos mais cruciantes, com os amigos e parentes que sempre estiveram ao meu lado.

Hoje posso dizer que minha vida não foi em vão...

Compreendo que não posso partir sem terminar minha tarefa e que os mecanismos de fuga que tantas vezes nos tentaram a mudar o roteiro já traçado ao longo do caminho foram apenas ilusões e se perderam na voragem dos tempos...

Hoje é o momento mais certo de prosseguir, de realizar o que falta, ainda, sem menosprezar as experiências do passado, sem sofrer as angústias da longa espera do amanhã...

---

[88] XAVIER, Francisco C. *Fonte Viva*. P. 312.

Bibliografia

CAMPBELL, Eileen. *Tempo de viver: aprendendo a despertar para o momento.* Tradução de Iva Sofia Gonçalves Lia. 1. ed. Rio de Janeiro (RJ): Sextante, 2004.

DENIS, Léon. *O problema do ser, do destino e da dor.* 26. ed. Rio de Janeiro (RJ): FEB, 2003.

FRANCO, Divaldo P. *Amor, imbatível amor.* Pelo Espírito Joanna de Ângelis. 1. ed. Salvador (BA): LEAL, 1998.

_____ . *As primícias do reino.* Pelo Espírito Amélia Rodrigues. 2. ed. Rio de Janeiro (RJ): Sabedoria Livraria Editora Ltda., 1967.

_____ . *Até o fim dos tempos.* Pelo Espírito Amélia Rodrigues. 3. ed. Salvador (BA): LEAL, 2001.

_____ . *Autodescobrimento: uma busca interior.* Pelo Espírito Joanna de Ângelis. 1. ed. Salvador (BA): LEAL, 1995.

_____ . *Dias Gloriosos.* Pelo Espírito Joanna de Ângelis. 4. ed. Salvador (BA): LEAL, 2005.

_____. *Diretrizes para o êxito*. Pelo Espírito Joanna de Ângelis. 2. ed. Salvador (BA): LEAL, 2005.

_____. *Filigranas de luz*. Pelo Espírito R. Tagore. 1. ed. Salvador (BA): LEAL, 1986.

_____. *Há flores no caminho*. Pelo Espírito Amélia Rodrigues. 3. ed. Salvador (BA): LEAL, 1992.

_____. *Jesus e atualidade*. Pelo Espírito Joanna de Ângelis. 1. ed. São Paulo (SP): Pensamento Ltda., 1989.

_____. *Jesus e o Evangelho - À luz da psicologia profunda*. Pelo Espírito Joanna de Ângelis. 1. ed. Salvador (BA): LEAL, 2000.

_____. *Libertação pelo amor*. Pelo Espírito Joanna de Ângelis. 1. ed. Salvador (BA): LEAL, 2005.

_____. *Luz do mundo*. Pelo Espírito Amélia Rodrigues. 2. ed. Salvador (BA): LEAL, 1989.

_____. *Momentos de consciência*. Pelo Espírito Joanna de Ângelis. 2. ed. Salvador (BA): LEAL, 1995.

_____. *Nascente de bênçãos*. Pelo Espírito Joanna de Ângelis. 1. ed. Salvador (BA): LEAL, 2001.

_____. *O ser consciente*. Pelo Espírito Joanna de Ângelis. 1. ed. Salvador (BA): LEAL, 1994.

_____. *Plenitude*. Pelo Espírito Joanna de Ângelis. 1. ed. Niterói (RJ): Arte e Cultura e Livraria Ltda., 1980.

_____. *Temas da vida e da morte*. Pelo Espírito Manoel Philomeno de Miranda. 4. ed. Rio de Janeiro (RJ): FEB, 1996.

_____. *Triunfo pessoal*. Pelo Espírito Joanna de Ângelis. 1. ed. Salvador (BA): LEAL, 2002.

_____. *Vida: desafios e soluções*. Pelo Espírito Joanna de Ângelis. 4. ed. Salvador (BA): LEAL, 1997.

FRANCO, Divaldo P. e TEIXEIRA, J. Raul. *Diretrizes de segurança*. RJ: Fráter.

KARDEC, Allan. *O Evangelho segundo o Espiritismo.* Tradução de Guillon Ribeiro. 124. ed. Rio de Janeiro (RJ): FEB, 2004.

______ . *O Livro dos Espíritos.* Tradução de Guillon Ribeiro. 74. ed. Rio de Janeiro (RJ): FEB, 1994.

MARDEN, O. S. *As harmonias do bem.* Tradução de Paulo Emílio de Oliveira. Porto (Portugal): A. Figueirinhas Ltda., 1941.

MEIRELES, Cecília. *Mar absoluto e outros poemas.* Edição do Centenário. Rio de Janeiro (RJ): Nova Fronteira, 2001. Vol. I.

______ . *Poesia completa.* Edição do Centenário. Rio de Janeiro (RJ): Nova Fronteira, 2001. Vol. I e II.

TAVARES, Clovis. *Amor e sabedoria de Emmanuel.* 10. ed. Araras (SP): IDE, 1996.

XAVIER, Francisco C. *Ação e reação.* Pelo Espírito André Luiz. 5. ed. Rio de Janeiro (RJ): FEB, 1976.

______ . *Amigo.* Pelo Espírito Emmanuel. 1. ed. São Paulo (SP): CEU, 1979.

______ . *Fonte Viva.* Pelo Espírito Emmanuel. 24. ed. Rio de Janeiro (RJ): FEB, 2000.

Este livro foi impresso
no Departamento Gráfico da
FEDERAÇÃO ESPÍRITA BRASILEIRA
na cidade do Rio de Janeiro
em maio de 2009.

www.febnet.org.br